지혜란 무엇인가
잠언-욥기-전도서의 상호작용

더바이블 인사이트 1

송민원 지음

지혜란 무엇인가: 잠언-욥기-전도서의 상호작용
더바이블 인사이트 1

초판1쇄   2021.01.15.
초판6쇄   2024.11.30.
지은이   송민원
편집   김덕원, 아만다 정
교정교열   김요섭, 박이삭

발행인   이영욱
발행처   감은사
전화   070-8614-2206
팩스   050-7091-2206
주소   서울시 강동구 암사동 아리수로 66, 401호
이메일   editor@gameun.co.kr
총판처   기독교출판유통

ISBN   9791190389204
정가   16,000원

What Is Wisdom
The Interplay Between Proverbs, Job and Ecclesiastes

THEBIBLE Insight 1

Min Won Song

헌사

어머니는 난소암 말기이다
두 번의 커다란 개복수술을 받았다
무균실에 입원해야 할 정도로 상태가 나빴다
그 덕에 배에는 커다란 십자가 문양이 새겨졌다
어머니는 옆구리에 장루를 달았다
어찌 보면 창으로 찔린 자국 같다
　　　　그녀는 점점 예수님을 닮아간다

지난 3년간 셀 수 없이 많은 항암치료와 표적치료를 받았다
그녀의 머리카락이 빠졌다가 자라나는 횟수만큼
그녀는 죽었다가 살아나기를 반복했다
간호사들은 그녀의 혈관을 찾을 때마다 진땀을 흘렸다
채혈 한번 하려면 그녀의 가녀린 손목에는 수없이 생채기가 나야 했다

이제는 더 이상 안 되나 싶어 호스피스 병원에 입원했다
두 달 만에 무덤 같은 병원에서 걸어 나왔다
　　　그녀는 점점 예수님을 닮아간다

사모병이라고도 한다
아버지는 하필이면 개척의 은사를 받았다
서울과 미국 애틀랜타와 경남 고성에서 교회들을 개척했다
70대에도 여전히 개척교회 현역 목사이다
누구도 탓할 수 없다
불교 집안에 시집가서 장남을 목사로 만든 본인 책임이다
그 배로 낳은 자식들을 또 목사와 선교사로 만들었다
더 잉태할 것이 없는 그녀의 자궁은 이제 암세포로 채워졌다
생명을 일궈내고 자신은 죽어간다
　　　그녀는 점점 예수님을 닮아간다

이 책을 그녀에게 바친다

추천의 글

강부호 목사, 북경온누리교회

출간되기도 전에 먼저 이 책을 읽을 수 있는 기회를 주신 주님의 배려에 감사드린다. 알 듯하면서도 시원하게 이해되지 않았던 잠언, 욥기, 전도서의 실마리를 찾았다. 그동안 이해를 방해했던 부분을 발견하고 필요한 영양분을 채운 느낌이다.

저자는 지혜서 읽기의 믿을 만한 길 안내자이다. 규범적 지혜와 반성적 지혜로 구분하고 탁월한 성서 언어 지식을 활용하여 증거를 보여주는 저자의 설명은 흥미진진하여 읽기 시작한 책을 내려놓을 수 없게 만든다. 지혜를 집중적으로 설명하지만 하나님의 절대주권, 악의 문제, 어떻게 살아야 할까 등 다양한 면에서도 귀중한 통찰을 얻게 한다.

그 결과 이 책은 하나님을 대하는 데에, 삶의 문제들을 대처하는 데에 나의 믿음이 요동치지 않도록 힘을 준다. 여러 개인들의 의견이 아니라, 성경을 근거로 사고할 수 있는 토대를 만들어 주기에 더욱 그렇다.

저자의 가르침을 통하여 추가로 얻는 유익이 있다. 성경을 바르게 읽는 방법에 대한 중요한 힌트를 얻을 수 있다는 점이다.

이 책은 지혜서 읽기에 매우 유용하며 일반인도 읽기 쉬운 지침서이다. 망설임 없이 추천할 수 있다. 성경 통독 등 성경 자체를 알고 싶어하는 사람들이 많이 일어나고 있는 현재 한국교회에 필요한 책이라고 생각된다. 이 책의 내용을 교인들과 나의 자녀들에게 가르치고 싶다.

고형원 대표, 부흥한국

신앙생활을 하는 우리 모두는 하나님에 관해서, 또한 자신의 삶과 세상에서 일어나는 많은 일들에 대해서 질문들을 가지고 있습니다. 그 해답, 하나님과 인생을 이해하는 진정한 성경적 지혜를 찾고 있는 우리들에게 송민원 목사님의 저서 『지혜란 무엇인가』는 지금 시대, 개인의 삶과 공동체의 삶 속에서 당장 적용해야 할 명확하고도 확고한 진리의 메시지를 전해줍니다.

송민원 목사님은 우리 시대에 하나님의 말씀을 온전히 읽기 위해서 이미 모범답안처럼 알고 있는 성경적인 이해를 때로는 내려놓아야 하며 또 말씀을 자신이 원하는 대로 읽으려는 욕망에서 자신을 비워야 한다고 이야기합니다. 그래서 저자는 이 책에서 성경의 지혜서인 잠언과 욥기와 전도서의 원어 연구와 문맥 연구 등을 통해 성경의 영원한 메시지—하나님이란 어떤 분이신가, 하나님의 창조세계는 어떠한 법칙으로 움직이는가, 피조물인 인간은 어떻게 세상을 이해하고 살아가야 하는가—에 대한 지혜를 마치 깊은 우물에서 길어 올린 생수 같이 우리에게 길어다 줍니다.

저는 이 책을 읽으면서, 한국사회를 살아가는 우리의 신앙생활을 고상하게 해줄 도덕적인 규범이나 깨달음 정도의 지붕공사가 아닌, 우리의 일상의 삶 속에 제대로 다시 놓아야 할 깊숙한 기초공사가 필요함을 느꼈습니다. 독자들은, 하나님에 대한 진정한 사랑은 보상을 초월한다는 신앙이 욥기의 핵심이며 선한 것을 뿌린 대가가 악한 열매일 때도 우리는 여전히 선한 것을 추구할 수 있는가 하는 진지한 질문을 듣게 될 것입니다. 저자의 말대로 믿음을 투자로 여기는, 보상이 없으면 신앙도 없다는 사탄의 신학을 거부하는 욥처럼 아무 대가 없이도 하나님을 사랑하는 순전한 사랑이 하나님이 원하시는 것이라는 글이, 지금 시대에 깊은 울림으로 남습니다.

저는 오랜 세월 성경히브리어와 지혜문학, 오경연구 등을 가르쳐 오신 송민원 목사님의 이 귀한 책을 통해서 말씀의 올바르고도 적확한 해석을 위한 성경 연구의 중요성을 배웁니다. 또한 말씀의 진지하고도 올바른 해석과 적용을 통해 우리 한국교회 그리스도인들 안에 새로운 회복과 부흥이 일어날 수 있음을 믿기에 이 책을 여러분들에게 추천합니다.

김선용 박사, The University of Chicago
구약성서 지혜문학은 하나님과 인생이라는 거대하고 절실한 주제를 다루기 때문에 깊은 학식과 더불어 불가해하며 고통스러운 삶의 여정을 온몸으로 통과한 '가이드'를 통해서만 그 빛을 발산할 수 있다. 송민원 목사는 흔치 않은 지혜문서 가이드이다.

송민원 목사는 잠언, 욥기, 전도서를 하나의 묶음으로 보고, 그 안에서 일어나는 상호작용을 파악하는 것이 각 문서를 이해하는 열쇠라고 말한다. 하나님의 규칙과 그 아래 형성된 인과응보 패턴을 강조하는 규범적 지혜를 모은 것이 잠언이고, 잠언의 규범적 지혜에 딴지를 거는 "삐딱한 지혜서"가 욥기이다. 규칙을 만드셨으나 우리의 이해를 아득히 벗어나는 하나님을 강조하는 욥기는 "우리는 까닭 없이 하나님을 사랑할 수 있는가?"라는 문제를 다룬다. 저자는 번역하기 까다로운 욥기를 그의 출중한 히브리어 지식을 통해 새롭게 해석하는데, 특히 욥기 42장 2-6절의 신선한 번역과 해석은 백미다. 욥기는 잠언과 창조적 긴장관계에 있지만 잠언이 전제하는 선악 개념을 문제 삼지 않는데, 전도서는 바로 이러한 선악 개념에 근본적인 도전을 한다. 전도서의 '헤벨'을 "무의미함"이 아닌 "잠깐 있다 사라짐"으로 해석할 것을 제안하면서 저자는 규범적 지혜의 가치 판단을 해체시키는 전도서의 메시지를 뚜렷하게 부각시킨다. 그는 "누군가 태어나고 죽는 것은 복이나 저주가 아니라 하나님이 정하신 '때'가 된 것뿐"이라며 전도서의 "카르페 디엠"과 "메멘토 모리"를 매끄럽게 결합시킨다.

이 짧은 책에 지혜문학의 정수를 이토록 쉽고 명쾌하게 설명한 송민원 목사의 재능이 부럽다.

김학철 교수, 연세대학교

진리를 추구하는 마음이 유려한 문장을 이루고, 그 문장 속에 빛나는 지식이 문단을 만들고, 문단들이 군더더기 없이 엮인 이 책은 구약성서의 지혜문학을 살핍니다.

한국교회에서 잠언, 욥기, 전도서는 오경이나 역사서만큼 주목받지는 못했지만 그 가치가 덜한 것은 아닙니다. 우리는 특별한 순간을 살기보다는 일상을 삽니다. 일상보다 중요하고 막강한 것이 없습니다. 사랑하는 사람을 잃는 것보다 세수를 못하고 사는 삶을 더 견디지 못하는 것이 우리들의 실상입니다. 지혜문학은 그 일상의 안과 밖을 밝힙니다.

복잡한 논의를 간결하게 알리면서 이 책은 독서의 기쁨을 만끽하도록 합니다. 정보의 습득, 기존의 오독에서 벗어나는 기쁨, 그리고 더 나은 지혜문학의 이해가 가능하리라는 기대를 책을 읽는 내내 유지할 수 있습니다. 책을 이해한 후 실습하듯 지혜문학을 읽으면 이전보다 더 풍요롭고 분명한 이해에 이르는 독서 경험을 하게 됩니다. 뿌듯한 마음으로, 또 저자에게 감사하면서 독서의 감흥이 가시기 전에 추천사를 씁니다.

라준석 목사, 사람살리는교회

시간이 흐르면서 저 개인적으로 더욱더 소망하는 것이 있습니다. '지혜롭게 살고 싶다.' 그래서 요즈음 다시 새롭게 붙잡고 읽게 된 책이 욥기, 잠언, 전도서였는데, 때마침 송민원 목사님의 『지혜란 무엇인가』라는 책의 원고를 받아 읽게 되었습니다. 깜짝 놀랐습니다. 관심 있는 내용이라 순식간에 읽어 내려갔습니다. 머리가 맑아졌습니다. 가슴이 뜨거워졌습니다. 모든 것을 다 알 수는 없지만 그래도 하나님이 주시는 지혜를 가지고 살아야겠다는 생각에 손에 힘이 꽉 쥐어졌습니다. 성경 구절들을 대충 풀어놓지 않고 정확한 어원적 근거와 해석적 배경을 가지고 설명해 주어서 참 좋습니다. 글의 표현이 깨끗하면서도 따뜻하고, 학문적이면서도 실제적이어서 맘에 듭니다. 우리는 이 땅에서 늘 고민하며 갈등하고 살아갑니다. 깔끔하게 해석되지 않는 삶의 사건들 앞에서 당황하기도 합니다. 어떤 길을 선택해야 할지 몰라 늘 두려움과 아쉬움을 가지고 길을 걷습니다. 지혜가 필요합니다. 하나님이 좋아하시는 것을 나도 좋아하고 하나님이 싫어하시는 것을 나도 싫어하는 삶을 살기 위해서는 하나님이 주시는 지혜가 필요합니다. 하나님의 세계는 넓습니다. 그만큼 하나님의 지혜의 폭도 넓습니다. 이 책은 한쪽으로 치우치지 않고 지혜의 폭넓은 측면을 잘 보여주고 있습니다. 이 좋은 책을 이 세상 한복판에서 어리석지 않고 지혜롭게 살아가기를 소망하는 당신에게 적극 추천합니다.

신도배 목사, 서울드림교회

저자는 머리말에서 이 책이 전문적인 학술서적도 아니고, 본격적인 신앙서적도 아니라는 것을 한계처럼 말한다. 그러나 오히려 바로 그 점이 이 책의 가장 큰 장점으로 생각된다. 이 책은 단순히 언어 분석을 잘 정리한 '지혜서 주석'이 아니라, 주의 깊은 언어 분석에 저자의 건강한 신앙이 더해진 '지혜서 강해'라고 할 수 있다. 저자는 히브리어를 중심으로 한 고대 언어의 전문가이면서, 성도의 삶의 자리에 함께 하는 목사로서의 마음을 이 책을 통해 잘 통합하고 있다. 저자는 '잠언'의 지혜신학을 중심으로 욥기와 전도서를 이어주면서, '잠언'에 대해서는 잠언 전체를 통찰할 수 있는 정돈된 기준을 제시하고, '욥기'에 대해서는 우리들이 실수할 수 있는 관점을 드러내면서 균형 잡힌 접근을 제시해준다. 그리고 '전도서'에 대해서는 전통적인 선악 개념을 넘어, 우리 신앙의 근본적인 질문에 마주서게 도와준다. 설교를 준비하는 목회자들이나 지혜서를 좀 더 가까이 하길 원하는 평신도 모두에게 기꺼이 추천할 만한 좋은 책이다.

이상준 목사, 양재온누리교회

송민원 목사님의 첫 번째 책은 모든 시대를 초월한 성경적 지혜의 큰 그림을 보여주고 있다. 크리스천의 일상에 꼭 필요한 잠언의 규범적 지혜와 인생의 역경 속에서 경험하는 욥기의 반성적 지혜, 더 나아가 죽음 앞에서 시간의 소중함을 깨닫게 하는 전도서의 실존적 지혜를 연구해서 비교하고 통합하고 있다.

21세기가 얼마나 인생과 신앙의 갈피를 잡기 어려운 불안정성의 시대인가. 포스트모더니즘 시대의 불안한 사상적 배경뿐만 아니라 각종 재난과 자연 재해로 인류가 서 있는 지구라는 토대 자체가 흔들리고 첨단의 물질문명과 AI 지식집약적 사회는 유토피아를 건설해 주기보다 우리를 디스토피아로 끌고갈 것이라는 어두운 전망이 드리워진 시대다.

이때 권선징악적인 규범적 지혜라는 기본적인 지혜의 틀거리를 유지하면서도, 언제든 성도 개개인에게 닥칠 수 있는 고난과 고통의 본질을 이해하고 끝까지 이기는 자가 되려면 그 어느 때보다도 규범 너머에 계신 하나님의 현존과 주권과 섭리에 대한 견고한 신뢰가 필요한 때가 되었다.

송민원 목사님의 성실한 성경 본문 주해를 바탕으로 성경의 3대 지혜문학을 형성하는 잠언과 욥기와 전도서를 탐구하고 그 안에서 하나님이 주시고자 하는 지혜의 정수를 깨닫는 과정은 나에게도 매우 복된 시간이었다. 이 책『지혜란 무엇인가』를 통해 성경의 지혜문학이 펼쳐서 보여주는 지혜의 파노라마를 보게 되는 기쁨과 감격이 모든 성도들에게 있기를 바란다. 성경을 재해석하지 않고 성경의 울림을 있는 그대로 재현해 주신 저자의 노고에 다시 한번 깊이 감사드린다.

홍원표 목사, 더하트하우스교회

이 책을 읽는 동안 손에서 뗄 수가 없었다. 이 책은 지혜서를 잠언-욥기-전도서라는 이유 있는 순서로 엮었다. 저자는 잠언의 규범적 지혜에서 출발하여서 욥기의 변환의 시간을 거쳐, 전도서의 반성적 지혜로의 과정을 거룩한 지도처럼 펼쳤다. 그 과정이 마치 신앙하는 존재로서의 인간의 다양한 일생같이 느껴졌다. 책을 덮는 순간, 삶을 향한 신비와 사랑과 거기 계신 하나님의 숨결을 더 갈망하는 마음을 갖게 되었다. 구약학자로서 성경 원문에 민감하고 충실한 저자의 해석 능력은 탁월한 설득력으로 성경해석에 시각교정을 도와주고, 삶의 자리에서는 풍성한 지평을 열어주는 듯하다. 그리고 마침내

"아하"라는 공감과 기쁨의 탄성이 튀어나오게 한다. 풀리지 않던 수수께끼 같은 인생의 길들에 지혜서를 통해 하나님이 내 발에 두신 등불과 내 길에 두신 빛들을 맛보게 한다. 신학교에서 미리 이렇게 공부했더라면 하는 아쉬움과 더불어 늦게라도 이렇게 귀한 책으로 만남에 감사를 가진다. 저자의 책이 거듭 계속해서 나오기를 진심으로 바란다. 마음 깊이 추천해 본다.

감사의 글

22년 전 제주도 이호테우 바닷가에서 그분은 제가 그동안 왜 그런 삶의 길을 걸어와야 했는지, 그리고 앞으로 어떤 삶을 살아가야 하는지 보여주셨습니다. 성경의 한 단어 한 단어를 제 눈으로 직접 읽어내고 그것을 자신의 언어로 풀어내는 것이 제가 평생을 바쳐 해야 할 일이라는 것을 알려주셨습니다. 그 이후로 지금까지 그 길을 걸어왔습니다.

성경을 읽는 것은 제게 두 가지와의 싸움입니다. 하나는 '모범답안'과의 싸움입니다. 그동안 교회와 학교에서 듣고 배웠던 정답들을 제 속에서 지우는 작업입니다. "이 구절은 이런 걸 의미해"라는 선입견에 "과연 그런가"라는 질문을 던지는 작업입니다. 또 다른 하나는 '자신의 욕망'과의 싸움입니다. "나는 이 구절이 이걸 의미하면 좋겠어"라는, 성경을 제가 원하는 식으로 읽어내려는 마음을 버리는 작업입니다. 이 두 가지 작업은 한 마디로 제 자신을 비워내는 싸움입니다. 제가 들어왔던 말들을 버리고 제가 듣고 싶은 말들을 버리는 힘겨운 싸움의 끝에야 비로소 성경은 제게 자신의 속살을 보여줍니다. 이 책은 성경이 제게 보여준 속살의 이야기를 사람들과 나누는 저의 첫 번째 글입니다.

* * *

그리 길지 않은 분량의 책을 쓰던 지난 몇 달 간, 제 삶에는 많은 일들이 있었습니다. 아들의 첫 번째 책이 나오기를 그렇게 기뻐하고 기대하던 어머니 고 김형실(1944-2020) 님이 책의 출간을 보지 못하고 소천하셨습니다. 저의 30년 지기 고등학교 친구가 대학교수에 임용된 지 한 학기 만에 연구실에서 뇌출혈로 사망하는 가슴 무너지는 사건도 있었습니다. 신대원에서 신약과 초대교회사를 공부하던 제게 구약과 히브리어의 아름다움을 가르쳐준 스승이자 제게는 친형 같은 분이 실형 선고를 받고 감옥에 수감되었습니다. 제 큰처형은 손가락 두 개가 잘리는 끔찍한 사고를 당했고, 친동생은 아직 30대인 나이에 암 진단을 받아 얼마 전 수술을 받았습니다. 아끼는 사람들에게 이런 일이 일어나면서 점점 더 글쓰기가 어려워졌습니다. 고통과 고난을 다루는 이 이야기가 혹시 누군가에게 상처가 되지 않을까? 이런 말들이 그들의 삶에 무슨 의미가 있나? 끊임없이 되물으며 글을 써야 했기 때문입니다.

* * *

출판을 앞둔 지금도 여전히 같은 질문을 스스로에게 하고 있습니다. 한 사람의 고통 앞에서 과연 이 책이 작은 위로라도 줄 수 있을까? 전혀 확신이 없음에도 이 글을 세상에 내어놓는 이유는 어떻게 빚을 갚아야 할지 모르는 고마운 분들이 계시기 때문입니다. 가장 먼저 원고를 읽고 참 좋다고, 이런 책이 목회자들과 성도님들에게 꼭 필요하다고 지지와 격려를 아끼지 않으셨던 아버지 송남헌 목사님. 예민하고 까탈스러운 남편의 불면의 밤을 한없이 밝은 웃음과 간절한 기도로 감싸 안아준 아내 박에스더. 코로나 시대에도 하나님의 일은 이런 것이라는 걸 몸으로 보여주는 니카라과 선교사인 누나 송혜진. 가족이 가까이 있는 것이 이렇게 감사하고 든든한 일인지 매일매일 깨닫게 해주는 동생 송시온과 전윤식 집사. 자랑하고 싶은 가족을 가지고 있다는 것만큼 복된 것은 없는 듯합니다.

6-7년 전부터 지금까지 줄곧 히브리어와 구약원전을 함께 공부한 토라강독반 식구들, 성경 원어 문법과 원전 강독 온라인 수업을 수강하시는 목회자분들과 성도님들, 저의 지혜서 강의와 오경 강의를 처음 수강한 신학생들의 그 빛나는 눈빛들, 허공에 대고 혼잣말을 하고 있는 것은 아닌가 기운이 빠질 때면 너는 혼자가 아니라고 말해주는 저의 '학생분들' 덕분에 지금까지 꺾이지 않고 한길을 달려올 수 있었습니다.

무엇보다 격려가 된 것은 시카고와 한국에서 만난 성도님들입니다. 한국 교회 혹은 한인 교회라는 공간 안에서 과연 이런 이야기를 해도 될까, 말씀을 전하는 사람이 속으로 겪는 조심스러움이 무색하게 너무도 잘 받아들여 주시고 자신의 삶을 바탕으로 설교를 흡수하시는 그리스도인들의 깊이가 저로 하여금 책을 낼 용기를 주었습니다. 이 자리를 빌어 설교와 강의로 초대해주신 교회공동체들에 머리 숙여 감사의 마음을 전합니다. 특별히 경남 고성 하늘연교회 성도님들께 감사드립니다. 4년 전 한국에 돌아온 이후로 가장 많이 제 설교를 들어주셨고 가장 반짝이는 눈빛으로 맞아 주셨습니다.

마지막으로, 아무것도 아닌 사람에게 먼저 책을 내자고 연락을 주신 감은사 이영욱 대표님께 깊은 감사의 마음을 전합니다. 전문적인 학술서적도 아니고 그렇다고 본격적인 신앙서적도 아닌 애매한 위치의 글도 마다하지 않으셔서 더욱 감사합니다. 감은사가 출판한 저명한 학자들의 명성에 저의 책이 누가 되지 않기를 바랄 뿐입니다.

2020년 11월

송민원

약어표

CEB	Common English Bible (2010)
JPS	Jewish Publication Society OT (1917)
KJV	KJA, KJG Authorized Version (KJV): 1769 Blayney Edition of the 1611 King James Version of the English Bible
NASB	The New American Standard Bible (1995)
NIV	The New International Version (2011)
NJB	New Jerusalem Bible (1985)
NRSV	New Revised Standard Version (1989)
TNK	The Jewish Bible: Torah, Nevi'im, Ketubim (1985)
개역개정	개역개정 4판(2017)
공동번역	공동번역 개정판(1998)
새번역	새번역 성경(2004)

들어가며:
두 가지 지혜

지혜는 단순하지 않습니다. 지혜는 하나님을 닮았습니다. 지혜는 세상을 닮았습니다. 그분이 창조하신 세계가 단순하지 않은 것처럼 그분의 지혜 역시 단순하지 않습니다. 크게 보아, 지혜는 두 가지로 나뉩니다. 하나는 '규범적 지혜'(Standard Wisdom)라 부르는 것이고, 다른 하나는 '반성적 지혜'(Speculative Wisdom)입니다. 그 둘을 '올곧은 지혜'와 '삐딱한 지혜'라 부르기도 합니다.

규범적 지혜의 가장 중요한 명제는 세상에는 하나님이 정하신 특정한 '패턴'이 있다는 것입니다. 누구나 경험하는 반복적인 패턴, 즉, 아침이 오고 나면 저녁이 되고, 밤이 지나고 나면 아침이 되고, 봄과 여름이 가면 가을을 지나 추운 겨울이 오는 것이 바로 하나님이 정하신 규범입니다. 그리고 하나님이 만드신 패턴을 잘 이해하고 그에 맞게 살아가는 것이 '지혜'이고, 그 패턴을 잘 모르거나, 알면서도 따르지 않는 것은 아둔하고 미련하며 몰지각한 '무지'입니다.

'패턴'은 그 속성상 불변성과 지속성 그리고 예측가능성을 내포하고 있습니다. 자주 변하면 패턴이 아닙니다. 정해진 패턴에 따라 다음을 예측할 수 있어야 합니다. 봄 다음에는 반드시 여름이 와야 하고, 가을이 가고 나면 언제나 겨울이 옵니다. 규칙성과 예측가능성을 잃어버리면 더 이상 '패턴'이라 부를 수 없게 됩니다. 규범적 지혜가 말하는 패턴의 중심축에는 "뿌린 대로 거둔다"는 인과응보(retribution)의 원리가 있습니다. 이 원리는 우리가 패턴을 잘 알아야 하는 이유가 됩니다. 패턴을 잘 알고 따르면 삶이 평온하며 성공할 수 있지만, 패턴을 모르거나 게을러서 미래를 준비하지 않는 사람은 베짱이처럼 추운 겨울을 맞이하게 될 테니까요. 이 패턴이 아주 견고하게 있어 주어서 우리의 삶이 그동안 유지되어 왔습니다. 콩 심은 곳에 콩이 나왔기 때문에 그 오랜 시간 동안 인류가 농사를 지어온 것입니다.

* * *

반성적 지혜 또는 삐딱한 지혜는 규범적 지혜가 말하는 '패턴'에 질문을 던집니다. '과연 그런가?' 반성적 지혜는 규범적 지혜의 '패턴'이란 존재하지 않는다는 극단적인 주장을 하지는 않습니다. 다만 그 패턴이 한치의 오차도 없이 언제나 적용되는 기계적인 법칙이 아니라고 지적합니다. 패턴은 있습니다. 그것은 우리가 매일 경험하는 현실입니다. 하지만 동시에 그 패턴이 어긋나는 경우들도 우리는 경험합니다. 모든 규칙에는 예외가 있는 법이니까요.

이 반성적 지혜가 다루는 중요한 문제는 바로 '신정론'(Theodicy)이라 불리는 신학적 주제입니다. 하나님이 모든 것을 알고 다 주관하면서 동시에 선하신 분이라고 한다면, 그리고 그분이 정하신 원리가 뿌린 대로 거두는 것이라면, 지금 고통을 겪는 모든 사람은 자신이 저지른 잘못에 대한 벌을 받고 있는 것인가? 아무 잘못 없어 보이는 사람이 왜 저런 끔찍한 괴로움을 겪어야 하는가? 대체 이 세상에서는 왜 악과 불의와, 도무지 그 이유를 알 수 없는 고통이 존재하는가? 그럼에도 과연 하나님을 선하신 분이라 할 수 있을까? 과연 "뿌린 대로 거둔다"는 원리로 우리가 경험하는 삶의 실재를 모두 다 설명할 수 있을까? 반성적 지혜가 던지는 질문들입니다.

'이르아': 지혜의 근본

하나님을 경외하는 것이 지혜와 지식의 근본입니다. 여기서 "경외"라는 말에 해당하는 히브리어 원어는 '이르아'(יראה)입니다. 한자어 '경외'(敬畏)가 공경할 경(敬)에 두려워할 외(畏)를 쓰는 것처럼, 히브리어 '이르아' 역시 존경과 공포라는 두 가지 마음상태를 동시에 나타냅니다. 그랜드 캐니언 같은 거대한 자연 앞에 홀로 서 있을 때 우리는 하나님이 창조하신 세계의 위대함에 깊은 존경심을 느끼는 동시에, 절대자의 위압적인 현존 앞에 극심한 공포를 느끼게 됩니다. 이러한 복합적인 마음을 표현한 것이 바로 '이르아'입니다. 영어에도 이에 해당하는 단어가 있습니다. 'awe'는 "끔찍하고 무시무시한"이란 뜻의 'awful'로도, "멋지고 경탄할 만한"이란 뜻의 'awesome'으로도 활용됩니다. 한자 문화권('경외'), 인도-유럽 언어권('awe'), 셈어 문화권('이르아')에서 동시에 이런 감정을 표현하는 단어가 있는 것으로 보아, 경탄하면서도 공포를 느끼는 이러한 복합적인 감정은 아마 인류의 공통된 경험인 듯합니다.

> 여호와를 경외하는 것이 지식의 근본이거늘(잠 1:7).
> 여호와를 경외하는 것이 지혜의 근본이요(잠 9:10).[1]

여기서 개역성경이 "근본"이라고 번역한 단어는 '레쉬트'(ראשית, 잠 1:7)와 '테힐라'(תחלה, 잠 9:10)라는 단어로, "처음"과 "시작"이라는 뜻을 가지고 있습니다. 하나님에 대한 두려움에서 모든 지혜가 시작된다는 것이며, 하나님에 대한 경외심이 모든 지식의 출발점이라는 것입니다.

올곧은 지혜는 우리가 경험하는 삶의 규범과 패턴들을 만드신 분이 하나님이기 때문에 하나님을 공경해야 한다고 가르칩니다. 그를 두려워하지 않고 그가 만드신 규범을 배우려 하지 않는 인생은 실패할 수밖에 없습니다. 그러기에 주야로 그분의 말씀을 묵상하고 그분의 뜻을 배우고자 하는 사람이 겸손한 사람이고 지혜로운 사람입니다.

반면에 삐딱한 지혜는, 패턴을 만드신 창조주는 그 패턴보다 더

---

1.   이 글에서 우리말 성경 인용은 개역개정 4판을 기본으로 합니다. 다른 번역의 경우 표시를 하였습니다. 개역개정을 사용하는 이유는 첫째, 한국 기독교에서 가장 널리 사용되는 번역이기 때문이고, 둘째, 다른 번역들과 비교해 볼 때 가장 히브리어 원문을 직역하려고 노력한 번역이기 때문입니다.

크다고, 패턴 안에 갇혀서 움직이는 분이 아니기에 더욱 두려운 존재라고 가르칩니다. 만약 하나님이 특정한 방식대로만 움직이신다면 우리는 공식만 잘 외우면 됩니다. 하지만 공식대로만 되는 것이 아니기에 우리는 하나님의 뜻이 무엇인지 끊임없이 물을 수밖에 없고 그 앞에 무릎을 꿇을 수밖에 없습니다. 이것이 반성적 지혜가 말하는 겸손한 인간이고 지혜로운 사람입니다.

삶의 실재를 반영하는 지혜

지혜가 크게 두 가지로 나뉘는 것은 전혀 이상할 것이 없습니다. "콩 심은 데 콩 나고 팥 심은 데 팥 난다" 같은 규범과 법칙을 담은 지혜와, "원숭이도 나무에서 떨어질 때가 있다"는 규칙의 예외성은 지역과 시대를 막론하고 어느 삶의 현장에서도 경험되는 것입니다. 수천 년 전에 쓰인 잠언과 욥기와 전도서가 지금 우리에게도 여전히 유효한 이유는 이 지혜가 시대와 문화와 역사를 초월한 인류의 공통된 삶의 실재(reality)를 반영하고 있기 때문입니다.

장르로서의 지혜가 특정한 문화권이나 시대적 한계를 초월한다는 것은 성경을 이해할 때에도 중요하게 작용합니다. 예를 들어, 솔로몬은 잠언이나 전도서의 저자라고 널리 알려져 있습니다. 그렇다고 해서 잠언이나 전도서를 반드시 주전 10세기경 이스라엘이라는 배경 속에서만 이해할 필요는 없습니다. 전도서를 솔로몬이 써야만 의미가 있고 솔로몬이 아닌 다른 사람이 썼다면 그 의미가 반감되는 것이 아닙니다. 혹자는 욥이 아브라함 시대 사람이라고 합니다. 그렇다고 욥기를 반드시 아브라함이 살던 시대적 배경 속에서 이해할 필요는 없습니다. 욥이 살던 우스 땅이 어디에 위치해 있는가에 대해 학자들의 의견이 분분합니다. 그런데 우스가 가나안 지역에 있건 메소포타미아 지역에 있건 간에 그게 무엇이 중요하겠습니까? 안타깝게도, 욥 같이 고통을 당하는 사람들은 우리 주위에도 많이 있습니다. 잠언과 욥기와 전도서의 저자가 누구인지, 그 문헌이 몇 세기에 기록된 문헌인지, 시대적 배경은 무엇인지 같은 질문들은 지혜서를 이해하는 데 핵심적인 질문이 아닙니다. 제1성전기든 제2성전기든, 어떤 특정한 배경 속에서 지혜서를 해석하려는 시도는 지혜가 갖고 있는 장르적 특성을 이해하지 못한 시도입니다.

성경의 지혜는 수천 년 전 이스라엘에 살던 사람들이 가졌던 질문들에서 출발하지만, 우리가 살고 있는 21세기 대한민국에도 여전히 유효한 대답들을 주고 있습니다. 세계의 정치와 경제는 점점 더 긴밀히 연결되어 가고 있고, 변화의 변수들이 많아지는 만큼 우리 시대는 더욱 불확실성이 커져만 갑니다. 지금이야말로 그 어느 시대보다 더욱 하나님의 지혜가 간절합니다.

제1부

규범적 지혜:

잠언

제1장
'잠언'이란 무엇인가?

'잠언'의 어원

잠언은 영어로 'Proverbs'라고 합니다. 이 영단어는 라틴어 '프로베르비아'(proverbia)에서 왔고, 더 거슬러가면 그리스어 '파로이미아'(παροιμία)에서 왔습니다. 그리스어 '파로이미아'나 라틴어 '프로베르비아'는 삶의 지혜를 담은 짧은 "속담"이나 "경구", 사람들이 마땅히 따라야 할 "공리"(maxim)를 뜻합니다. 한두 문장으로 짧게 압축하여 인생의 단면을 잘 드러내주는 것을 의미합니다.

우리말 성경의 '잠언'은 아마도 중국어 성경의 번역을 그대로 가져온 듯합니다. 여기서 '잠'은 "바늘 잠"(箴) 자입니다. "바늘로 콕 찌르는 말"이라는 뜻이지요. 우리가 나쁜 길에 빠지지 않도록 경계하고 일깨워주는 말씀이라는 점을 강조한 번역이라 할 수 있습니다. 여기서의 강조점은 '교훈'에 있습니다.

흥미롭게도 일본어 성경은 잠언을 知恵の泉(지혜의 샘)이라고 번역

했습니다. 잠언은 읽는 이로 하여금 하나님의 지혜를 깨닫게 해준다는 것을 표현한 번역이라 할 수 있습니다.

자세히 들여다보면 이 번역들은 조금씩 차이점이 있습니다. 잠언이라는 책을 이해하는 방식이 다르다는 뜻입니다. 그리스나 로마는 "지혜를 담은 속담 모음집"의 의미로 잠언이라는 책의 속성을 이해했고, 중국과 한국은 마치 서당에서 읽는 사서삼경처럼 독자의 양심을 일깨우는 교훈적인 책으로 잠언을 파악했습니다. 반면에 일본은 책을 읽음으로써 득도하여 신적 지혜에 다다르게 되는 것처럼 잠언을 이해하고 있습니다.

잠언의 히브리어 원어는 '마샬'(משל)입니다. 이 단어의 뜻은 "비슷하다", "닮다" 그리고 "비교하다"라는 의미를 가지고 있습니다. 직접적인 설명이 아니라 은유와 비유로써 사건과 사물을 설명하는 것입니다. 예를 들어, 인간 삶의 원리를 동식물 등 자연현상에 빗대어 설명하는 경우입니다.

이 단어가 동사로 쓰이는 경우를 보면 어원적 의미를 잘 파악할 수 있습니다. 시편 49편 20절의 "존귀하나 깨닫지 못하는 사람은 멸망하는 짐승 같도다"에서 이 "같도다"에 해당하는 동사가 바로 '마샬'입니다. 시편 28편 1절, "주께서 내게 잠잠하시면 내가 무덤에 내려가는 자와 같을까 하나이다"의 "같을까" 역시 이 '마샬'이 동사로 쓰인 경우입니다. 즉, '이것은 무엇과 같다'는 비유의 화법을 지칭하는 것이 잠언의 어원인 '마샬'의 본뜻입니다.

'마샬'의 번역

성경에서 이 '마샬'은 상당히 다양한 의미의 스펙트럼을 가지고 있습니다. 개역성경 하나만 보아도 같은 히브리어 단어를 "노래", "예언", "속담", "비사", "비유", "이야기거리" 등 아주 다양하게 번역하였습니다.

(1) 노래/예언: 민수기 23-24장(23:7, 18; 24:3, 15, 20, 21, 23)에서 발람이 말한 것이 '마샬'입니다. 옛 개역한글은 이 단어를 "노래"라고 번역했는데, 개역개정은 "예언"이라고 바꾸었습니다.

(2) 속담: 신명기 28장 37절에서 하나님께 순종하지 않는 이스라엘 백성들을 다른 민족들의 "놀람과 속담과 비방거리"로 만드시겠다고 하실 때, 여기서의 "속담"이 '마샬'입니다.

이와 비슷한 의미가 열왕기상 9장 7절에도 등장합니다. "내가 이스라엘을 내가 그들에게 준 땅에서 끊어 버릴 것이요 내 이름을 위하여 내가 거룩하게 구별한 이 성전이라도 내 앞에서 던져버리리니 이스라엘은 모든 민족 가운데에서 속담거리와 이야기거리가 될 것이며." 여기서 "속담거리"에 해당하는 원어가 '마샬'입니다.

(3) 풍자/비사: "욥이 (또) 풍자하여 이르되"(욥 27:1; 29:1)에서 "풍자"가 또한 '마샬'입니다. 개역한글은 같은 구절을 "비사"라고 번역했습니다.

(4) 이야기거리: "주께서 우리를 뭇 백성 중에 이야기거리('마샬')가 되게 하시며 민족 중에서 머리 흔듦을 당하게 하셨나이다"(시 44:14).

(5) 비유: "내가 비유('마샬')에 내 귀를 기울이고 수금으로 나의 오

묘한 말을 풀리로다"(시 49:4).

히브리어의 한 단어가 우리말의 여러 다른 단어로 번역되었다는 것은 곧 히브리어의 '마샬'을 단 하나의 단어로 번역할 우리말이 없다는 것을 의미합니다. 우리말로 번역하신 분들이 얼마나 고심했을지 충분히 짐작이 갑니다. 동시에 이것은 한글 성경만 가지고는 도무지 성경을 제대로 이해할 수 없다는 것을 의미합니다. 우리말로는 전혀 다르게 번역되었지만 그 원어는 같은 단어이거나, 우리말 성경에서 같은 단어로 번역되었지만 원어는 전혀 다른 단어가 쓰여 있는 경우도 아주 흔합니다. 원어를 모르고서는 성경의 의미를 올바르게 파악할 수가 없습니다.

'마샬'의 의미

성경에 쓰인 '마샬'의 의미를 이해하려면 위에서 나열한 다양한 용례와 의미들을 자세히 살펴보아야 합니다. '마샬'이 반드시 짧은 경구의 말을 의미하지는 않습니다. 아주 긴 문장들도 '마샬'로 표현되어 있으니까요. 또한 옛 선조들로부터 내려온 지혜의 말을 뜻하는 경우도 있지만 모두가 그런 의미로 쓰인 것은 아닙니다. 민수기 23-24장의 발람의 '마샬'을 보면 선조의 지혜를 간직한 격언 같은 것과는 거리가 멉니다.

발람의 '마샬'은 자신이 섬기는 모압왕 발락을 노하게 만듭니다. 왕은 발람에게 모압의 적국인 이스라엘을 저주해달라고 합니다. 그러나 발람의 '마샬'은 오히려 모압을 저주하고 이스라엘을 축복합니다. 왕이 듣고 싶은 소리를 발람에게 부탁했는데, 발람은 오히려 왕의 소망과는 전혀 반대의 이야기를 전한 것입니다. 그러면서 발람이 말합니다. "여호와께서 내 입에 주신 말씀을 내가 어찌 말하지 아니할 수 있으리이까"(민 23:12).

　발람은 여기서 '마샬'을 가리켜 하나님이 주신 말씀이라고 하고 있습니다. 즉, '마샬'은 선조들의 지혜의 말씀이나 우리 귀에 듣기 좋은 소리가 아니라, 우리가 듣고 싶지 않을 때에도 들어야 하는 하나님의 말씀입니다. 그런 의미에서 "바늘로 찌르는 말"이라는 뜻의 "잠언"은 '마샬'의 핵심을 잘 파악한 번역이라 할 수 있겠습니다. 비록 비유나 비교를 나타내는 히브리어 '마샬'의 어원적 의미에서는 거리가 먼 번역이라 할지라도 말입니다.

＊ ＊ ＊

　신명기 28장 37절과 열왕기상 9장 7절 그리고 시편 44편 14절에서 사용된 '마샬'의 의미는 상당히 유사합니다.

- 여호와께서 너를 끌어 가시는 모든 민족 중에서 네가 놀람과 **속담**과 비방거리가 될 것이라(신 28:37).
- 내가 이스라엘을 내가 그들에게 준 땅에서 끊어 버릴 것이요 내 이름을 위하여 내가 거룩하게 구별한 이 성전이라도 내 앞에서 던져버리니 이스라엘은 모든 민족 가운데에서 **속담거리**와 이야기거리가 될 것이며(왕상 9:7).
- 주께서 우리를 뭇 백성 중에 **이야기거리**가 되게 하시며 민족 중에서

머리 흔듦을 당하게 하셨나이다(시 44:14).

이 경우들은 이스라엘 백성들이 하나님께 순종하지 않았을 때 어떤 일이 벌어지는가를 표현하고 있습니다. 즉, 우리를 불편하게 하는 하나님의 말씀인 '마샬'을 귀담아듣고 준행하지 않는다면, 하나님은 자신의 백성을 다른 이들에게 '마샬'로 만드실 것입니다. 저들처럼 되지 말아야 한다는 이야기가 두고두고 회자될 것입니다.

제2장
잠언을 읽는 방법

잠언의 저자 문제

다윗의 아들 이스라엘 왕 솔로몬의 잠언이라(잠 1:1).

잠언은 그 첫 절에 저자가 누구인지를 명시하고 있습니다. 하지만 잠언의 저자 문제는 그리 간단하지 않습니다. 유대인들은 이 잠언을 성문서(히브리어로, '케투빔')에 위치시킵니다. 이것은 잠언의 저작 연대가 기원전 10세기경인 솔로몬 시대가 아니라 기원전 6세기 이후의 제2성전기 시대의 문서로 여긴다는 뜻으로 볼 수 있습니다. 잠언에서 사용된 히브리어를 자세히 살펴보면, 문법이나 어휘 등에 상당히 후대의 언어에서 보이는 현상들이 발견되기도 합니다.

또한 잠언 스스로가 솔로몬이 잠언의 유일한 저자라고 말하지 않습니다. 30장 1-9절은 야게의 아들 아굴의 잠언이고, 31장은 르무

엘 왕의 어머니의 훈계입니다. 또한 어떤 학자들은 22장 17절부터 24장 22절을 '지혜 있는 자의 말씀'으로, 그리고 24장 23-34절도 '지혜로운 자의 말씀'으로 추정하기도 합니다.

잠언을 누가 썼느냐 하는 문제는 그리 중요한 문제가 아닙니다. 솔로몬 시대로부터 구전으로 내려온 이야기들을 제2성전기 시대의 누군가가 글로 옮겼든지, 아니면 익명의 저자가 전부터 내려온 여러 지혜의 말들을 모아서 솔로몬의 이름으로 묶음집을 낸 것인지는 어느 누구도 확신을 가지고 말할 수 없습니다. 저자가 누구인지, 저작 연대가 언제인지 등은 연구하는 학자들 사이에서는 중요한 문제일 수 있습니다. 하지만 잠언을 읽는 우리에게는 그리 중요하지 않습니다. 앞에서도 설명했듯이, 지혜서는 그 장르적 특성상 시대와 문화와 역사를 초월한 인류의 공통된 삶의 현실을 반영하기 때문에 굳이 어떤 특정한 시대의 역사적 배경 속에서만 이해할 필요는 없습니다. 언제 쓰였나, 누가 썼나가 중요한 것이 아니라 이 잠언이 대체 무슨 이야기를 하는지, 어떠한 '가치'를 말하고 있는지가 핵심입니다. 이 가치는 솔로몬이 말해야만 의미가 있고 솔로몬이 아닌 다른 사람의 말이면 그 가치가 없어지거나 반감되는 것이 아닙니다.

잠언을 읽는 방법(1): 차이가 아니라 공통분모에 주목하라

이는 지혜와 훈계를 알게 하며 명철의 말씀을 깨닫게 하며, 지혜롭게, 공의롭게, 정의롭게, 정직하게 행할 일에 대하여 훈계를 받게 하며(1:2-3).

잠언의 첫 시작부터 여러 단어들이 나열되어 있습니다. 이런 구절들을 접할 때 우리는 "지혜"를 아는 것과 "훈계"를 아는 것은 어떻게 다른지, "지혜"와 "명철"은 또 어떻게 차이가 나는지에 관심을 갖습니다. "공의"와 "정의"는 어떤 뉘앙스의 차이가 있는지, 또 "정직"은 어떤 개념인지, 이런 단어들의 의미를 세분화해서 이해하려고 합니다. 우리말에서 "지혜"와 "정직"은 의미의 범주가 많이 다른 단어입니다. 특히나 요즘 시대에서는 정직한 것이 오히려 지혜롭지 못한 것으로 취급되기도 하니까요.

의미를 세분화하고 차이에 집중하는 읽기는 그러나 잠언을 이해하는 좋은 방식이 아닙니다. 히브리어 운문은 비슷한 의미를 갖는 여러 단어들을 나열한다는 특징이 있습니다. 따라서 각 단어들의 의미상의 차이점에 주목하는 것보다 공통분모가 무엇인지 파악하는 것이 중요합니다.

3절에서 "공의"로 번역된 히브리어 단어는 '체데크'(צדק)입니다. 영어성경에서 주로 "righteousness"로 번역되는 단어인데요, 사람에게 적용할 때 그 의미는 "하나님이 인간에게 원하시는 것이 무엇인지 알고 그것을 실천하는 것"을 의미합니다. "정의"는 히브리어 '미쉬파트'(משפט)를 번역한 것으로, "심판"이라고도 번역됩니다. 이 단어는 법정적인 용어로서 "재판에서 올바른 판단을 내리는 것"을 뜻합니다. 우리말로 "정직"이라고 번역된 것은 '메이샤림'(מישרים)인데, 기본적인 뜻은 "똑바름"(straight)입니다. 즉, 우리말에서 흔히 사용되는, 거짓말하지 않는다는 의미의 "정직"이 아니라, 하나님이 원하시는 길을 똑바로 가는 것을 의미합니다. 결국 공의와 정의와 정직은 모두 같은 의미를 갖고 있습니다. 어원적으로 다른 단어들을 반복적으로 사용해서 하나의 개념을 설명하는 것입니다. 하나님이 우리에게 무엇을 원하시는지, 그가 명령하는 길로 좌우로 흔들리지 않고 똑바로 가는 것이 공의이면서 정의이고 정직입니다. 그리고 이것이 바로 잠언이 말하는 "지혜"입니다. 우리가 흔히 표현하듯, "저 사람은 지혜는 좀 부족하지만 참 올곧고 정직한 사람이야" 같은 표현은 히브리어에서는 가능하지 않습니다. 하나님의 뜻을 알고 그 뜻대로 올바로 행하는 사람이 정의롭고 정직한 사람이고, 그가 곧 지혜로운 사람입니다. 따라서 잠언에서 "지혜자"는 "의인"과 동의어입니다.

4절에서 등장하는 "슬기", "지식", "근신함"과 5절의 "지혜"와 "학식", "명철"과 "지략"은 마찬가지로 모두 같은 개념을 여러 단어로 설명하는 것입니다. 7절의 "여호와를 경외하는 것이 지식의 근본"이라는 표현은 9장 10절에서 "여호와를 경외하는 것이 지혜의 근본"이라는 구절로 반복됩니다. 흔히들 지식은 머리로 얻는 것이고 지혜는 공부와는 다르게 경험과 통찰로 얻는 것이라고 생각할 것입니다. 혹자는, 지식은 혼에 관한 것이고 지혜는 영에 관련된 것이라는 구분을 할 수도 있겠습니다. 하지만 잠언에서의 "지식"('다아트', רעת)은 "하나님(의 규범)을 아는 것"을 뜻하며 그것은 곧 "지혜"('호크마', חכמה)와 동의어입니다. "저 사람은 지식은 없어도 참 지혜로워", 혹은 "정말 배운 것이 많은데 지혜롭지는 않아" 같은 우리가 흔히 쓸 수 있는 표현은 잠언을 이해할 때는 적용되지 않습니다.

잠언을 읽는 방법(2): "늙음"의 가치

　　내 아들아 네 아비의 훈계를 들으며 네 어미의 법을 떠나지 말라(1:8).

　　잠언은 부모가 아들에게 들려주는 이야기의 형식을 취하고 있습니다. 여기서 "아들"이라는 표현이 불편한 분들도 있을 것입니다. 잠언의 내용이 반드시 아들에게만 해당되고 딸은 아무 상관없는가 하고 물으실 수도 있습니다. 사실 구약성경은 기본적으로 여성을 독자로 고려하고 있지 않습니다. 당시의 시대가 그러했으니까요. 우리는 여자를 교육의 대상으로 생각하지 않던 고대 이스라엘의 가부장적 문화의 한계를 인정해야 할 것입니다. 동시에 고대 이스라엘의 언어를 21세기 대한민국에 문자 그대로 적용할 수는 없습니다. 그래서 새 번역성경은 "아이들아"라고 남녀를 다 포함해서 번역하였습니다. 이 번역이 우리 시대를 잘 반영한 좋은 번역이긴 합니다만, 잠언의 모든 경우에 적용할 수 있는 번역은 아닙니다. 잠언의 내용 중 실제로 남성에게만 해당되는 내용도 상당하니까요. 따라서 우리는 고대 이스라엘과 지금 우리 사회가 다르다는 사실을 분명히 염두에 두고서, 남성중심사회의 언어로 되어 있는 성경의 내용을 어떻게 우리 시대에 적용할 수 있을까를 진지하게 고민해야 합니다.

* * *

　　그러기 전에 먼저, 고대 이스라엘 사회에서 왜 "내 아들아" 같은 표현을 썼는지를 이해하는 것이 우선입니다.

> 내 아들아 악한 자가 너를 꾈지라도 따르지 말라 그들이 네게 말하기를 우리와 함께 가자 우리가 가만히 엎드렸다가 사람의 피를 흘리자 죄 없는 자를 까닭 없이 숨어 기다리다가 스올 같이 그들을 산 채로 삼키며 무덤에 내려가는 자들 같이 통으로 삼키자(1:10-12).

이 구절은 악한 세력이 젊은 아들을 나쁜 길로 꾀려는 상황을 묘사하고 있습니다. 여기서 우리는 잠언을 이해하는 아주 중요한 가치관을 발견할 수 있습니다. 그것은 "늙음"과 "젊음"이라는 단어가 가지는 사회문화적 가치입니다. 고대사회와 현대는 이 지점에서 정반대의 관점을 가지고 있습니다.

현대인은 기본적으로 미래지향적입니다. 우리는 아이들과 젊은 이들에게 "너희 앞에 있는 미래"라는 표현을 씁니다. 미래는 앞에 놓여 있습니다. 이 말은 현대사회가 시간의 관점에서 미래를 바라보고 서 있다는 뜻입니다. 하지만 고대 이스라엘인들은 과거를 향해 서 있습니다. 과거지향적인 세계관입니다. 히브리어의 '케뎀'(קדם)이라는 단어는 장소적으로 동쪽을 가리키면서 동시에 앞쪽을 가리킵니다. 고대인들이 동쪽을 향해 서 있기 때문에 히브리어에서 오른쪽 '야민'(ימין)은 남쪽이 되고, 왼쪽 '세몰'(שמאל)은 북쪽이 됩니다.

다음은 이 '케뎀'이라는 단어가 "앞"을 나타내는 의미로 쓰인 경우입니다.

- 가객은 앞서고 악사는 뒤따르나이다(시 68:25).

- 그들은 다 강포를 행하러 오는데 **앞을 향하여** 나아가며(합 1:9).

동시에 이 "케뎀"이 시간적인 의미로 쓰일 때는 과거를 나타냅니다. 즉, 고대인들은 과거를 앞에 두고 서 있습니다.

- 내가 **이전**에 다시스로 도망하였사오니(욘 4:2).[1]

- 내가 날이 밝기 **전**에 부르짖으며 주의 말씀을 바랐사오며(시 119:147).

과거를 향해 서 있기 때문에 미래는 뒤에 놓이게 됩니다. 창세기 9장 9절의 "내가 내 언약을 너희와 너희 후손과 (세우리니)"에서 "후손"이라는 번역의 히브리어 원어를 직역하면 "너희 뒤에 오는 너희 씨앗"입니다. 선조들이 과거를 향해 서 있기 때문에 후손들은 뒤에 위치하게 됩니다. 한자로 '뒤 후'(後) 자를 쓰는 것에서 알 수 있듯이, 서양의 영향을 받기 이전의 한자문화권도 과거지향적인 세계관을 가지고 있다는 것을 알 수 있습니다.

* * *

---

1. 요나서 4:2의 '키담티'(קדמתי)를 개역한글과 개역개정은 "빨리"로, 새번역은 "서둘러", 쉬운성경과 현대인의성경은 "급히"로 번역하였습니다만 이것은 오역입니다. KJV의 "before", CEB의 "earlier", NRSV의 "at the beginning" 등이 보다 올바른 번역입니다.

미래지향적인 현대인에게 "영원"(eternity)이라는 단어는 일차적으로 아주 먼 미래를 상상하게 만듭니다. 하지만 "영원"이라는 뜻을 가진 히브리어 '올람'(עולם)의 본 뜻은 "아주 먼 과거, 태고적"을 의미합니다. 신명기 32장 7절은 '올람'의 본 뜻을 아주 잘 드러냅니다.

- 옛날을 기억하라 역대의 연대를 생각하라 네 아버지에게 물으라 그가 네게 설명할 것이요 네 어른들에게 물으라 그들이 네게 말하리로다(개역개정).
- 아득한 옛날을 회상하여 보아라. 조상 대대로 내려온 세대를 생각하여 보아라. 너희의 아버지에게 물어 보아라. 그가 일러줄 것이다. 어른들에게 물어 보아라. 그들이 너희에게 말해 줄 것이다(새번역).

여기서 "옛날"(개역개정), "아득한 옛날"(새번역)로 번역된 단어가 바로 '올람'입니다. 사람들이 과거를 향해 서 있는 세계에서는 과거를 기억하는 것이 아주 중요한 의무가 됩니다. 그래서 '올람'(옛날)에 더 가까이 서 있는 부모 세대와 조상들에게 과거에 대해 물어보라고 신명기는 가르치고 있습니다. 과거에 지혜가 있기 때문입니다.

* * *

미래지향적인 문화권에서 갖는 "늙음"의 가치와 과거지향적인 세계관이 바라보는 "늙음"의 가치는 전혀 다릅니다. 미래를 향해 서 있는 현대사회에서 늙음은 "뒤쳐짐"과 "퇴보", "쓸모없음"과 "사라

제2장 잠언을 읽는 방법   **47**

짐"을 뜻합니다. 사람은 늙을수록 효용가치와 존재가치를 잃어갑니다. 인터넷과 스마트폰으로 빠르게 변화되는 현대 정보사회에서 오히려 젊은 사람이 더 많이 알고 더 현명합니다.

반면에 과거지향적인 세계에서 늙는다는 것은 경험이 더 많아지고 더 지혜로워지고 하나님의 뜻을 더 잘 아는 것을 의미합니다. 다음의 문장은 미래지향적 세계관을 가지고서는 잘 이해되지 못합니다.

> 아브라함이 나이가 많아 늙었고 여호와께서 그에게 범사에 복을 주셨더라 … 아브라함이 후처를 맞이하였으니 그의 이름은 그두라라 그가 시므란과 욕산과 므단과 미디안과 이스박과 수아를 낳고(창 24:1; 25:1-2).

아브라함의 "늙음"을 현대인의 관점에서 보면 늙음과 하나님의 복을 연결하기가 쉽지 않습니다. 또한, 아브라함이 나이가 많아 "늙었음에도 불구하고" 후처를 맞이한 것으로 이해되기 쉽습니다. 하지만 고대인에게 늙어가는 것은 하나님의 축복입니다. 나보다 더 늙은 사람은 나보다 더 '앞서' 있는 사람이고 나보다 더 지혜로운 사람입니다. 나이 든 사람이 하나님의 창조세계의 패턴과 규범을 더 많이 경험했으며 더 잘 이해하고 있기 때문입니다. 잠언 1장 8절의 "내 아들아 네 아비의 훈계를 들으며 네 어미의 법을 떠나지 말라"는 말씀은 이러한 과거지향적 세계관 속에서 이해되어야 합니다.

* * *

여기서 "아들"로 상징되는 젊음과 젊은이는 아직 성년에 이르지 못한, 그래서 아직 지혜에 다다르지 못한 상태를 나타냅니다. 아직 완성단계에 이르지 못한 청년은 어디로 튈지 모릅니다. 그래서 잠언은 이 젊은이를 가운데 두고 지혜 세력과 그에 반하는 세력(무지/악인/음녀)이 서로 데려가려고 다투는 싸움의 구도를 가지고 있습니다. 1장 10절의 "내 아들아 악한 자가 너를 꾈지라도 따르지 말라"는 구절은 과거지향적 세계관이 젊음을 어떻게 이해하고 있는지를 잘 보여줍니다.

한편에서 악인들이 젊은이를 유혹할 때 그 맞은 편에는 지혜가 청년을 부르고 있습니다.

> 지혜가 길거리에서 부르며 광장에서 소리를 높이며 시끄러운 길목에서 소리를 지르며 성문 어귀와 성중에서 그 소리를 발하여 이르되 너희 어리석은 자들은 어리석음을 좋아하며 거만한 자들은 거만을 기뻐하며 미련한 자들은 지식을 미워하니 어느 때까지 하겠느냐 나의 책망을 듣고 돌이키라 보라 내가 나의 영을 너희에게 부어 주며 내 말을 너희에게 보이리라(1:20-23).

고대 이스라엘의 과거지향적 세계관을 충분히 이해하고 있어야 잠언의 내용을 올바로 파악할 수 있습니다. 고대인들의 언어적 특성을 이해하고, 그 언어 속에 담겨 있는 사회적, 문화적 독특성을 파악한 상태에서, 우선 그들의 시각과 가치관으로 성경을 이해하려고 노력하는 태도가 중요합니다. "해 아래 새 것이 없다"라는 문장이 과거 지향적인 인간에게 주는 의미는 그것이 미래지향적인 인간에게 주는 의미와 같을 수가 없습니다.[2]

---

2. 전도서를 다루는 제3부에서 "해 아래 새 것이 없다"는 구절의 의미를 다룰 것입니다.

제3장
평행법(Parallelism)

잠언을 읽는 방법(3): 평행법(Parallelism)

잠언 2장 앞부분을 읽어보겠습니다. 잘 읽어 보시면 아주 중요한 한 가지 특색을 발견하실 수 있습니다. 내용이 아니라 문장이 쓰인 형태에 주목하시길 바랍니다.

> 내 아들아 네가 만일 나의 말을 받으며 나의 계명을 네게 간직하며(2:1).
>
> 네 귀를 지혜에 기울이며 네 마음을 명철에 두며(2:2).
>
> 지식을 불러 구하며 명철을 얻으려고 소리를 높이며(2:3).
>
> 은을 구하는 것 같이 그것을 구하며
>
> 감추어진 보배를 찾는 것 같이 그것을 찾으면(2:4).
>
> 여호와 경외하기를 깨달으며 하나님을 알게 되리니(2:5).

정답은 각 절을 둘로 나눌 수 있고, 그 둘의 의미가 같다는 것입니다. 다른 표현을 써서 같은 의미를 반복하고 있습니다. 나의 말을 받는 것은 나의 계명을 간직하는 것과 같으며, 지혜에 귀를 기울이는 것과 명철에 마음을 두는 것은 같은 뜻입니다. 지식을 불러 구하는 것은 명철을 얻으려고 소리를 높이는 행위입니다. 또한 하나님을 경외하는 것이 곧 하나님을 아는 것입니다.

이렇게 비슷하지만 다른 단어를 사용하여 같은 표현을 반복하는 것을 '평행법'(parallelism) 또는 '대구법'이라고 합니다. 히브리어에는 산문과 운문이 있습니다. 그리고 산문과 운문을 나누는 유일한 기준이 바로 이 평행법입니다. 평행법으로 쓰이면 운문(시)이고 그렇지 않으면 산문입니다. 평행법은 "서로 짝이 되는 짧은 구문들의 반복"으로 정의할 수 있습니다. 잠언 2장 6-10절을 짝이 되는 구절로 나누어 보면, 아래 표와 같습니다.

절	상반절	하반절
6	대저 여호와는 지혜를 주시며	지식과 명철을 그 입에서 내심이며
7	그는 정직한 자를 위하여 완전한 지혜를 예비하시며	행실이 온전한 자에게 방패가 되시나니
8	대저 그는 정의의 길을 보호하시며	그의 성도들의 길을 보전하려 하심이니라
9	그런즉 네가 공의와 정의와 정직	곧 모든 선한 길을 깨달을 것이라
10	곧 지혜가 네 마음에 들어가며	지식이 네 영혼을 즐겁게 할 것이요

각 절은 정확히 반으로 나눌 수 있습니다. 이것은 단지 형식의 문제가 아니라 내용과도 관련이 있습니다. 6절 전반부의 "지혜"와 후반부의 "지식과 명철"은 같은 의미를 지닙니다. 즉, 잠언에서 "지혜"와 "지식"은 동의어입니다. 앞에서도 언급했지만, 지식은 공부와 머

리로 얻는 것이고 지혜는 삶의 경험과 통찰로 얻는 것이라는 구분은 잠언에는 해당되지 않습니다. "지식은 많으나 지혜는 없는 사람" 같은 표현은 잠언의 세계에서는 존재할 수 없습니다. 각 단어들의 의미상의 차이에 관심을 갖는 것은 평행법으로 이루어진 잠언의 특성을 이해하지 못하는 것입니다. 지혜와 지식과 명철은 모두 같은 범주의 단어로서, 하나님이 창조하신 패턴/규범을 잘 알고 거기에 따라 사는 것을 의미합니다.

평행법을 통해 잠언의 내용을 파악하는 방법을 그 다음 절들에도 그대로 적용할 수 있습니다. 7절의 "정직한 자"는 거짓말하지 않는 사람이라는 좁은 의미가 아니라 하나님이 보여주시는 길을 "똑바로" 가는 사람을 뜻하며, 그런 사람을 잠언은 "행실이 온전한 자"라고 말하고 있습니다. 9절의 "공의와 정의와 정직"은 각기 다른 개념이 아니라 하나님이 알려주시는 "선한 길"을 가리킵니다. 그 길은 "정의의 길"이며 동시에 "성도들(거룩한/구별된 자들)의 길"입니다(8절).

* * *

평행법의 종류는 많이 있습니다. 대부분 히브리어를 알아야 분석이 가능하지만, 그래도 가장 중요하고 가장 흔하게 사용되는 '의미상의 평행법'(semantic parallelism)은 한글 성경을 가지고도 어느 정도 파악할 수 있습니다. 의미상으로 서로 어울리는 짝이 동의적인가 반의적인가를 분석하는 것은 우리말로 번역된 성경으로도 그리 어렵지 않

습니다.[1]

예를 들어, 시편 1:1-2는 서로 비슷한 의미로 엮인 "동의적 또는 유의적 평행법"입니다.

> 복 있는 사람은 악인들의 꾀를 따르지 아니하며 //
>
> 죄인들의 길에 서지 아니하며 //
>
> 오만한 자들의 자리에 앉지 아니하고(1:1). //
>
> 오직 여호와의 율법을 즐거워하여 //
>
> 그의 율법을 주야로 묵상하는도다(1:2).

악인들의 꾀를 따르는 것은 곧 죄인들의 길에 서는 것이며 동시에 오만한 자들의 자리에 앉는 것입니다. 이런 일을 하지 않는 사람이 곧, "복 있는 사람"입니다. 하나님의 율법과 명령, 즉 그분의 뜻을 즐거워한다는 것은 그분의 말씀을 낮이나 밤이나 읊조리고 묵상하

---

1. 평행법은 크게 세 종류로 나뉩니다: (1) 의미론적 평행법(semantic parallelism), (2) 문법적 평행법(grammatical parallelism), (3) 음성학적/음운론적 평행법(phonetical/phonological parallelism). 이 중 문법적 평행법과 음성학적/음운론적 평행법은 히브리어를 분석하는 것이므로 우리말 번역성경으로는 다룰 수 없습니다. 의미론적 평행법은 또 다음과 같이 나뉩니다: (1) 동의적/유의적 평행법, (2) 반의적 평행법, (3) 계단식(점층식과 점강식) 평행법, (4) 교차대구법. 의미론적 평행법 중 동의적/유의적 평행법과 반의적 평행법은 번역성경에서도 충분히 반영할 수 있지만, 계단식 평행법이나 교차대구법 등은 번역 성경이 히브리어 원문의 구조를 그대로 반영하지 않은 경우가 많습니다. 따라서 이 글에서는 동의적/유의적 평행법과 반의적 평행법에 한정해서 다루도록 하겠습니다. 이 두 가지가 히브리어 평행법에서 가장 중요하고 근간을 이루는 평행법입니다.

는 것을 뜻합니다. 하나님을 사랑한다고 하면서 그분의 뜻을 성경을 통해 알려고 하지 않는 사람은 거짓말을 하고 있는 것입니다. 주님을 기뻐하는 사람은 그의 율법을 밤낮으로 읽고 묵상하는 사람입니다. 이럴 때에만 우리는 악인과 죄인과 오만한 자의 길에서 벗어나 하나님의 복을 받는 사람이 된다는 것이 시편의 첫 번째 말씀입니다.

반면에 시편 1편 6절은 의미가 서로 반대되는 반의적 평행법입니다.

> 무릇 의인들의 길은 여호와께서 인정하시나 //
>
> 악인들의 길은 망하리로다(1:6).

의인들의 길과 악인들의 길이 서로 대비되어 있고, 하나님의 인정과 멸망은 서로 반대가 됩니다.

* * *

잠언 2장의 경우 모든 절이 동의적 평행법으로 되어 있습니다.

> 지혜가 또 너를 음녀에게서 //
>
> 말로 호리는 이방 계집에게서 구원하리니(2:16).
>
> 그는 젊은 시절의 짝을 버리며 //
>
> 그의 하나님의 언약을 잊어버린 자라(2:17).
>
> 그의 집은 사망으로 //

그의 길은 스올로 기울어졌나니(2:18).

반면에 잠언 10장을 살펴보면 각 절이 반의적 평행법으로 이루어져 있음을 쉽게 발견할 수 있습니다. 매 절이 서로 반대되는 의미를 가진 두 구절로 나뉩니다.

> (솔로몬의 잠언이라) 지혜로운 아들은 아비를 기쁘게 하거니와 //
> 미련한 아들은 어미의 근심이니라(10:1).
> 불의의 재물은 무익하여도 //
> 공의는 죽음에서 건지느니라(10:2).
> 여호와께서 의인의 영혼은 주리지 않게 하시나 //
> 악인의 소욕은 물리치시느니라(10:3).
> 손을 게으르게 놀리는 자는 가난하게 되고 //
> 손이 부지런한 자는 부하게 되느니라(10:4).

평행법과 성경해석: 잠언 11:16의 예

평행의 구조를 염두에 두고 잠언 11장을 개역성경으로 읽어보면 한 가지 문제점을 발견하게 됩니다. 잠언 11장은 거의 전체가 반의적 평행법으로 되어 있습니다. 그러나 16절만큼은 동의적/유의적 평행법으로 해석되었습니다. 앞뒤의 구절들은 모두 반의적 구조로 되어 있음에도 말입니다.

> 지략이 없으면 백성이 망하여도 //

지략이 많으면 평안을 누리느니라(반의적, 11:14).

타인을 위하여 보증이 되는 자는 손해를 당하여도 //

보증이 되기를 싫어하는 자는 평안하니라(반의적, 11:15).

유덕한 여자는 존영을 얻고 //

근면한 남자는 재물을 얻느니라(유의적/동의적, 11:16).

인자한 자는 자기의 영혼을 이롭게 하고 //

잔인한 자는 자기의 몸을 해롭게 하느니라(반의적, 11:17).

악인의 삯은 허무하되 //

공의를 뿌린 자의 상은 확실하니라(반의적, 11:18).

16절의 다른 번역들을 살펴보겠습니다.

- 덕이 있는 여자는 존경을 받고,

　부지런한 남자는 재물을 얻는다(새번역).

- 상냥하고 친절한 여자는 존경을 받고,

　억척스런 남자는 재물을 얻는다(현대인의성경).

- 덕이 있는 여인은 존경을 받고,

　무자비한 남자들은 재물을 얻는다(쉬운성경).

문제가 되는 부분은 개역이 "근면한 남자"로 번역한 단어입니다. 새번역은 개역과 비슷하게 "부지런한 남자"로 번역했습니다. 하지만 현대인의성경과 쉬운성경은 부정적인 의미가 담긴 "억척스런 남자"와 "무자비한 남자들"로 해석했습니다. 이렇게 번역의 의미가 갈라지는 것은 영어 번역 성경들에서도 마찬가지입니다.[2] KJV나 JPS는 "strong men"(강한 남자들)으로 번역했지만, NIV는 "ruthless men"(무자비한 남자들)으로, NASB나 CEB는 "violent men"(폭력적인 남자들)으로 해석했습니다.

이러한 번역의 차이가 왜 생기는지에 대해 살펴보겠습니다. 원문의 히브리어 '아리침'(עריצים)은 잠언 전체에서 단 한 번만 사용되어서 잠언 안에서 이 단어가 긍정적인 의미로 쓰였는지 부정적인 의미로 쓰였는지 파악할 수 없습니다. 따라서 이 단어가 다른 구약성경에서 어떠한 의미로 사용되었는지 살펴보아야 합니다. 개역한글만 살펴보자면, '아리츠'(עריץ)는 "포악한 자",[3] "강포자/강포한 자",[4] 혹은 "무서운 자"[5] 등으로 번역되었습니다.[6] 히브리어 '아리츠/아리침'이 쓰인 구절들의 문맥을 살펴보아도 이 어휘는 기본적으로 "폭력적인" 사람을 나타낸다는 것을 쉽게 알 수 있습니다. 만약 폭력적인 남자라고 이해한다면 16절 상반절의 "유덕한/덕이 있는" 여자와 반의적으로

---

2. 대표적인 몇 가지 번역을 나열하자면,

   KJV: A gracious woman retaineth honor and strong men retain riches.

   JPS: A gracious woman obtaineth honour; and strong men obtain riches.

   NIV: A kindhearted woman gains honor, but ruthless men gain only wealth.

   NASB: A gracious woman attains honor, and violent men attain riches.

   CEB: A gracious woman gains honor; violent men gain only wealth.

3. 욥 6:23; 사 25:5.

4. "강포자": 욥 15:20; 27:13; 사 49:25, "강포한 자": 시 54:3; 사 29:5; 겔 28:7; 30:11.

5. 렘 15:21; 겔 32:12.

6. 그 외의 번역은 "악인의 큰 세력"(시 37:35), "포학한"(사 25:3), "폭양"(사 25:4), "두려운 용사"(렘 20:11) 등이 있습니다.

엮인 평행 구절이 되어서 앞뒤의 다른 구절들과 동일한 평행법으로 구성됩니다. 이런 구조가 더 자연스럽습니다. 또한 바로 다음 절인 17절과도 잘 어울립니다.

> 인자한 자는 자기의 영혼을 이롭게 하고 //
> 잔인한 자는 자기의 몸을 해롭게 하느니라(11:17).

16절의 "유덕한 여자"는 17절의 "인자한 자"와 좋은 짝을 이루고 있고, "근면한 남자"를 "폭력적인 남자"로 바꾸면 17절의 "잔인한 자"와 보다 잘 어울리게 됩니다.

그렇다면 왜 개역과 새번역은 잠언 11장 16절에서만 이 단어를 긍정적인 의미의 "근면한/부지런한 남자"로 번역한 것일까요? 이유는 아마 "재물을 얻는다"는 표현이 잠언에서 많은 경우 긍정적인 의미를 지니기 때문입니다. 다음은 "부귀/재물"이라는 뜻의 히브리어 '오쉐르'(עֹשֶׁר)가 나타난 잠언의 예입니다.

- 그 오른손에는 장수가 있고 그 왼손에는 **부귀**가 있나니(3:16).
- **부귀**가 내게 있고 장구한 재물과 공의도 그러하니라(8:18).
- 손을 게으르게 놀리는 자는 가난하게 되고 손이 부지런한 자는 **부하**게 되느니라(10:4).
- 여호와께서 주시는 복은 사람을 **부하**게 하고 근심을 겸하여 주지 아니하시느니라(10:22).
- 연락을 좋아하는 자는 가난하게 되고 술과 기름을 좋아하는 자는 부

하게 되지 못하느니라(21:17).

- 겸손과 여호와를 경외함의 보응은 **재물**과 영광과 생명이니라(22:4).

재물/부/부귀는 지혜로운 사람, 즉 하나님의 뜻을 알고 그 패턴에 따라 사는 의인에게 주어지는 결과물이자 하나님의 선물입니다. 지혜로운 사람은 하나님을 경외하는 겸손한 사람으로(잠 22:4), 그는 게으르거나(잠 10:4), 술과 연회를 즐기며 흥청망청하지(잠 21:17) 않습니다. 재물과 부귀가 지혜에 뒤따르는 결과이기 때문에 잠언 11장 16절의 "재물을 얻는다"는 표현의 주어가 긍정적인 의미가 될 수밖에 없다고 개역과 새번역의 번역자들은 판단한 듯 싶습니다.

하지만 "재물"에 대한 잠언의 가치판단은 마냥 긍정적이지만은 않습니다. 아래의 예들은 재물과 부귀에 대한 경계를 나타내는 잠언들입니다.

- 자기의 **재물**을 의지하는 자는 패망하려니와 의인은 푸른 잎사귀 같아서 번성하리라(11:28).
- 사람의 **재물**이 자기 생명의 속전일 수 있으나 가난한 자는 협박을 받을 일이 없느니라(13:8).
- 지혜로운 자의 **재물**은 그의 면류관이요 미련한 자의 소유는 다만 미련한 것이니라(14:24).
- 많은 **재물**보다 명예를 택할 것이요 은이나 금보다 은총을 더욱 택할 것이니라(22:1).
- **부자** 되기에 애쓰지 말고 네 사사로운 지혜를 버릴지어다(23:4).

- 충성된 자는 복이 많아도 속히 **부하고자** 하는 자는 형벌을 면하지 못하리라(28:20).

- 곧 헛된 것과 거짓말을 내게서 멀리 하옵시며 나로 가난하게도 마옵시고 **부하게도** 마옵시고 오직 필요한 양식으로 나를 먹이시옵소서(30:8).

재물은 그것이 누구의 손에 있느냐에 따라 좋은 것일 수도 나쁜 것일 수도 있습니다(14:24). 잠언은 재물을 의지하지 말라고 말하며 (11:28), 부 자체에 삶의 목적을 두지 말라고 가르칩니다(23:4; 28:20). 13장 8절은 누군가 납치를 당하거나 노예 상태에 빠질 위험에 처한 경우 재물은 그 위기를 벗어날 수 있도록 하는 긍정적인 역할을 하지만, 재물이 없으면 그런 위험에 빠질 가능성이 애초부터 없다는 것을 의미합니다. 이렇듯 잠언은 재물과 부귀가 갖는 부정적인 가능성에 대해 경고하고 있습니다. 재물과 부귀는 하나님의 복이지만, 동시에 재물을 추구하는 삶은 지혜로운 삶이 아닙니다.

지금 다루고 있는 본문인 11장 16절을 잘 이해하기 위해서 무엇보다 22장 1절이 중요합니다. 재물보다 명예를 추구하는 삶이 더 지혜롭고 가치 있는 삶입니다. 22장 1절 하반절의 "은총"은 하나님이 우리에게 주시는 은총을 나타내지 않습니다. 11장 16절의 "유덕한"으로 번역된 히브리어 '헨'(חן)이 똑같이 사용된 경우로, 사람들을 "불쌍히/긍휼히" 여기며 자신의 것을 "값없이/공짜로" 나누는 것을 의미합니다. 자신의 재물을 대가를 바라지 않고 타인과 나눔으로써 "명예"를 얻게 됩니다. 여기서 재물을 추구하는 삶과 명예를 추구하는 삶은 서로 상반되어 있습니다. 이러한 이해를 11장 16절에 대입해

보면, 전반부의 "존영"과 후반부의 "재물"이 반의적인 의미를 갖는
다고 보는 것도 충분히 타당합니다. 따라서 개역과 새번역이 "근면
한"과 "부지런한"으로 번역한 히브리어 '아리침'을 "유덕한 여자"의
반대 개념으로 이해할 수 있습니다. 쉬운성경의 "무자비한 남자"나,
그보다 조금 유화된 표현인 "억척스런 남자(현대인의성경)"가 차라리 더
좋은 번역입니다.

제가 문제 삼고 싶은 것은 번역자의 태도입니다. 개역과 새번역
의 번역자는 히브리어 원문의 본래적인 의미인 "폭력적인 남자가 재
물을 움켜잡는다"는 문장을 도무지 직역할 수 없었던 듯합니다. 성
경의 다른 모든 곳에서 히브리어 '아리츠'를 포악과 강포, 즉 폭력과
관련된 의미로 번역했음에도 유독 잠언 11장 16절에서만 부지런함과
근면으로 해석한 이유는 무엇일까요? 재물을 "지혜의 결과물"이나
"하나님의 복"으로 보는 것이 부에 대한 잠언의 유일한 평가는 아닙
니다. 재물에 대한 잠언의 다양한 가치평가를 번역자가 충분히 이해
하고 있었다면 개역이나 새번역 같이 해석하지는 않았을 것입니다.
"폭력적인"이라는 원문의 의미를 "근면한" 또는 "부지런한"으로 뒤
틀어 번역해서라도 번역자 자신의 신학적 입장에 본문을 짜맞추는
것이 과연 좋을 태도일까요? 저는 아니라고 생각합니다.[7]

---

7. 잠언 11장 16절의 해석에 대해 공동번역이나 칠십인역(LXX)은 다른 해결책
    을 제시하고 있습니다. 이것은 전승사에 대한 문제를 언급하거나 어떤 대본
    을 원본으로 삼았는가를 따져야 하는 또다른 문제라 본 글에서는 다루지 않
    았습니다.

잠언을 읽는 방법(4): 추상적 가치와 구체적 가치

잠언을 이해하는 데 있어서 좋은 방법은 각 구절을 읽을 때 저자가 독자에게 구체적으로 무엇을 요구하는가에 집중해서 살펴보는 것입니다. "대체 나보고 무엇을 어떻게 하라는 것인가?" 잠언의 추상적인 의미는 많은 경우 잠언이 요구하는 구체적인 행동 속에서 그 의미를 파악할 수 있습니다.

잠언 10장을 예로 들어 살펴보겠습니다.

> 지혜로운 아들은 아비를 기쁘게 하거니와 미련한 아들은 어미의 근심이니라(10:1).

이 구절을 간단히 설명하면 지혜는 좋은 것이고 미련한 것은 나쁜 것이라는 말입니다. 이 말은 지혜에 다다르지 못한 젊은 세대에게 지혜를 추구해야 할 이유를 제공해 줍니다. 하지만 구체적으로 무엇이 지혜인가, 어떻게 하는 것이 지혜로운 것인가라는 질문에는 아무런 답을 주지 않습니다.

> 불의의 재물은 무익하여도 공의는 죽음에서 건지느니라(10:2).

불의의 재물은 나쁘다는 가치판단이 어느 정도 구체적일 수는 있습니다. 하지만 어떤 재물이 불의한 재물인지 아닌지를 판단하는 근거에 대해 묻는다면 잠언 10장 2절은 정답을 알려주지 않습니다. 또한 평행법으로 보면 "불의의 재물"은 "공의"와 짝을 이루고 있습니다. "공의"라는 말이 추상적인 만큼 "불의의 재물" 역시 추상적입니다.

> 여호와께서 의인의 영혼은 주리지 않게 하시나 악인의 소욕은 물리치시느니라(10:3).

하나님은 의인을 사랑하시고 악인을 미워하신다는 카테고리에 넣을 수 있는 표현입니다. 독자에게 악인이 되지 말고 의인이 되어야 한다는 가르침을 주고 있습니다. 의인은 좋고 악인은 나쁘다는 것 외에는 어떤 사람이 의인인지, 어떻게 해야 악인이 되지 않을 수 있는지에 대해서는 침묵하고 있습니다.

하지만 4절과 5절은 다릅니다.

> 손을 게으르게 놀리는 자는 가난하게 되고
>
> 손이 부지런한 자는 부하게 되느니라(10:4).
>
> 여름에 거두는 자는 지혜로운 아들이나
>
> 추수 때에 자는 자는 부끄러움을 끼치는 아들이니라(10:5).

이 절에서 지혜의 의미가 좀 더 구체화됩니다. 게으름은 무지/악에 속해 있고 부지런함은 지혜/의에 속해 있습니다. 하나님이 정해 놓으신 계절의 변화(패턴/규범)를 잘 알고 그에 맞게 행동하는 것이 지혜입니다. 곡식이 익을 때에 거두는 것이 지혜이고 그렇지 않은 것이 무지라는 지극히 당연한 이야기입니다.

이 이후의 6절에서 9절 역시 지혜/의와 무지/악을 대비시키며 지혜가 좋은 것임을 반복적으로 가르침으로써 독자로 하여금 지혜/의를 추구해야 할 당위성을 끊임없이 상기시키고 있습니다. 다만 구체적으로 무엇이 지혜인지는 알려주지 않습니다.

* * *

잠언 중 구체적인 행동을 요청하는 구절들만 모아보면 잠언이 말하는 지혜가 무엇인지 그 윤곽이 드러납니다. 다음은 잠언 10-15장에서 구체적인 내용을 담은 구절을 모은 후에 그것을 긍정적 가치와 부정적 가치에 따라 나눈 것입니다.

긍정적: 지혜=의	부정적: 무지=악
부지런함	게으름
사랑	미움
말이 적음	말 많음
공평한 추	속이는 저울
겸손	교만
인자	잔인
구제/긍휼	인색
인내	무절제/성급함
진실	거짓
…	…

잠언을 읽는 방법(5): 지나친 "영적 해석"을 피하라

구체적인 것에 초점을 맞추어 긍정적인 것과 부정적인 것으로 나누는 이런 도표는 누구나 쉽게 만들 수 있고 이 리스트에 목록을 추가할 수 있습니다. 이렇게 모아 놓고 나면 한 가지 사실을 알 수 있습니다. 사랑, 인내, 겸손, 구제, 공평 등 잠언이 지혜라고 언급한 것들은, 물론 대단히 훌륭한 가치를 가진 것임에도 불구하고, 그리 영적이거나 신비한 이야기들이 아니라는 것입니다. 이 땅에서 살아가는 사람들이 현실적으로 어떠한 태도로 살아가야 하며 주위의 이웃을 어떻게 대해야 하는가에 대해 말하고 있습니다. 예를 들어, 잠언 6장 1-5절은 보증을 서지 말고, 만약 보증을 섰으면 그 보증 선 것에서 풀려나라는 말을 하고 있습니다. 3절과 5절에서는 "구원"이라는 단어가 쓰입니다.

내 아들아 네가 네 이웃의 손에 빠졌은즉 이같이 하라

너는 곧 가서 겸손히 네 이웃에게 간구하여 스스로 구원하되(6:3),

… 노루가 사냥꾼의 손에서 벗어나는 것 같이

새가 그물 치는 자의 손에서 벗어나는 것 같이 스스로 구원하라(6:5).

"영혼 구원"이나 "영생", "천국" 같은 개념이 기독교에서 갖는 엄청난 가치가 무색하게도 잠언 6장의 "구원"은 단지 보증이라는 덫에서 벗어나는 것을 뜻합니다. 이렇듯 잠언의 이야기는 매우 현실적입니다.

* * *

또 한 가지 중요한 것은, 잠언 같은 규범적 지혜는 '하나님을' 설명하기보다 하나님이 인간에게 원하시는 바가 무엇인지에 초점을 맞추고 있다는 사실입니다. 기독교신학의 신론(神論)을 구성하는 진술을 하는 것이 잠언의 목적이 아닙니다. 물론 하나님이 우리에게 원하시는 것이 무엇인지 아는 것을 통해서 하나님 자신이 어떤 분이시라는 것을 어느 정도 파악할 수는 있겠습니다. 하지만 그 두 가지가 완전히 동일한 것은 아닙니다. 특히 규범적 지혜는 하나님 자신과 하나님의 창조세계 전체를 다 설명하는 것을 목적으로 삼지 않습니다. 그러므로 잠언의 진술만으로 하나님은 어떤 분이시라는 것을 설명하려는 시도는 잠언을 포함하는 규범적 지혜의 본질적인 성격을 충분히 이해하지 못한 시도입니다. 칼뱅이 말한 다음의 진술은 특별히 잠언의 특성을 이해하는 데 아주 유효하게 작용합니다.

우리의 관심사는 하나님이 원래 어떤 분인지를 아는 것이라기 보다 그 분이 우리에게 무엇을 바라시는지를 아는 것이다. … 믿음이란 하나님의 말씀을 토대로 우리를 향한 하나님의 뜻을 아는 것이다.[1]

잠언은 하나님이 인간에게 원하시는 바가 무엇인지를 설명하는 것을 주목적으로 삼고 있다는 것과, 또한 잠언이 매우 현실적인 인간관계의 문제를 다루고 있다는 두 가지 사실은 우리로 하여금 잠언을 해석할 때 지나치게 "영적인" 또는 "신비한" 해석을 경계하도록 합니다.

매우 많이 인용되고 있는 잠언 20장 27절을 예로 설명하겠습니다. 이 구절의 개역과 공동번역을 비교해 보면 같은 구절을 상당히 다르게 이해하고 있음을 알 수 있습니다.

- 사람의 영혼은 여호와의 등불이라 //

  사람의 깊은 속을 살피느니라(개역개정).
- 야훼께서는 사람의 영혼을 지켜보시고 //

  사람의 마음을 속속들이 들여다보신다(공동번역).

후반부의 해석은 두 번역이 유사합니다. 하지만 전반부는 사뭇

---

1.   알리스터 맥그래스, 『장 칼뱅의 생애와 사상: 서구 문화 형성에 칼뱅이 미친 영향』, 이은진 역 (비아토르, 2019), 288.

다릅니다. 개역은 "사람의 영혼"을 주어로 삼은 문장으로서, 하나님의 빛을 비추는 인간 영혼의 속성을 설명하고 있습니다. 신학적 상상력을 매우 자극하는 문장으로서, '진리의 빛을 반사하는 인간의 영혼'이나 '성령의 조명이 필요한 사람의 영혼' 같은 의미로 설교 등에서 인용되기 아주 좋은 표현입니다. 하지만 공동번역은 "사람의 영혼"이 어떠한 것인가를 설명하는 것이 이 구절의 의미가 아니라고 해석합니다. 오히려 "사람의 영혼"은 하나님이 지켜보시는 대상입니다.

　평행법의 관점에서 보면 두 번역의 차이가 분명해집니다. 공동번역은 두 문장을 정확히 동의적/유의적 평행법으로 해석했습니다. "사람의 영혼"은 "사람의 마음"과 평행을 이루며, "지켜보시고"와 "속속들이 들여다보신다"가 비슷한 뜻입니다. 또한 사람의 영혼과 마음을 보는 주체는 하나님이 됩니다.

　반면에 개역개정은 평행법의 틀에 잘 맞지 않습니다. "사람의 영혼은 여호와의 등불"이라는 구절과 "사람의 깊은 속을 살피느니라"는 문장은 서로 상응하지 않습니다. 게다가 개역만으로는 사람의 속을 살피는 주체가 무엇인지 분명하지 않습니다. 만약 두 문장이 같은 주어를 공유하고 있다고 한다면, "사람의 영혼은 사람의 속을 살핀다"는 이상한 문장이 되어버립니다.

　평행법으로만 보아서도 공동번역의 해석이 본문의 의미를 더 잘 살린 번역임을 알 수 있습니다만, 히브리어 원문과 비교해 보면서 이 구절에 대한 개역 번역의 문제점을 더 깊이 살펴보도록 하겠습니다.

נר יהוה נשמת אדם

חפש כל חדרי בטן

'네르'(נר)는 "등불"을 뜻하고, '니쉬마트'(נשמת)의 기본적인 뜻은 "호흡"입니다. '호페스'(חפש)는 예전 개역한글이 "수탐"(손으로 더듬어 찾다)이라는 표현으로 많이 번역한 단어입니다.[2] '콜'(כל)은 "모든", '하드레이'(חדרי)는 "방들", '바텐'(בטן)은 "배"(腹)를 뜻합니다. 즉, "배의 모든 방들"인 오장육부를 뜻합니다. 이 문장을 직역하면, "주님의 등불은 사람의 호흡이다 // 배의 모든 방들을 더듬어 살핀다"라는 뜻이 됩니다.

개역과 공동번역 둘 다 "영혼"으로 번역한 단어가 히브리어 '니쉬마'(נשמה)입니다. 이 단어는 사람이 숨을 쉬는 호흡을 나타냅니다. 신명기 20장 16절, 여호수아 10장 40절 등과, 이사야 2장 22절에서 개역은 이 단어를 "호흡"으로 번역했습니다.[3] 또한 창세기 2장 7절 "흙으로 사람을 지으시고 생기를 그 코에 불어넣으시니"에서 "기"에 해당하는 단어가 '니쉬마'입니다. 창세기 7장 22절 "그 코에 생명의 기운의 숨이 있는 것은 다 죽었더라"에서 "숨"으로 번역한 것도 이

---

2. 창 31:35 "라반이 그 드라빔을 **두루 찾다가**"; 창 44:12 "그가 나이 많은 자에게서부터 시작하여 나이 적은 자에게까지 **수탐하매**"; 왕상 20:6 "그들이 네 집과 네 신하들의 집을 **수색하여**"; 왕하 10:23 "너희는 **살펴보아** 바알을 섬기는 자들만 …"

3. 신 20:16 "호흡이 있는 자를 하나도 살리지 말지니"; 수 10:40; 11:11, 14 "호흡이 있는 자를 진멸하였으니"; 사 2:22 "호흡은 코에 있나니"; 단 10:17 "내 몸에 힘이 없어졌고 호흡이 남지 아니하였사오니"

단어입니다. 즉, '니쉬마'는 "영" 혹은 "영혼"이라는 추상적 개념 이
전에 "호흡, 숨"이라는 구체적인 개념을 표현한 단어입니다. 히브리
어의 추상어들은 대부분 아주 구체적인 단어에서 그 의미가 파생되
고 확장됩니다. 따라서 히브리어 원문을 해석할 때 우선 구체적인 의
미로 먼저 이해하려고 하고 나서, 도무지 구체적인 의미로 해석할 수
없을 때 추상적인 의미를 담아 해석하는 것이 바람직합니다. 많은 번
역 성경들의 가장 큰 문제 중 하나가 '영적인 번역'을 지나치게 좋아
한다는 것입니다. '니쉬마'뿐 아니라 히브리어 '루아흐'(רוח, "바람")나
'네페쉬'(נפש, "목")를 우선 "영/영혼"으로 먼저 번역한 뒤 문장이 어색
하지 않으면 그대로 놔두고, 도무지 그렇게 번역할 수 없을 때 "바
람"이나 "목" 등의 구체적인 의미로 번역하고 있습니다. 하지만 해석
의 방향이 반대로 가야합니다. 추상적인 의미보다는 구체적인 의미
를 먼저 대입해야 합니다.

　잠언 20장 27절의 경우도 "호흡"이라는 의미가 우선 적용되어야
합니다. 그렇다면 "주님의 등불은 사람의 호흡"이라는 문장을 이해
하는 것이 관건입니다. 우선 문장의 주어가 무엇인지 살펴보겠습니
다. 개역의 번역은 "사람의 영혼"을 주어로 해석했습니다. 하지만 히
브리어 문법상 "주님의 등불"과 "사람의 호흡" 중에 주어가 될 수 있
는 것은 "주님의 등불"입니다. 왜냐하면 히브리어 명사문의 경우 특
정한 말("주님의 등불")과 불특정한 말("사람의 호흡")이 동시에 나올 때 반
드시 특정한 말이 주어가 되기 때문입니다. 또한 하반절의 '호페
스'(손으로 더듬다)라는 분사는 남성단수로서, 남성명사인 '네르'(등불)가
주어이지 여성명사인 '니쉬마'(호흡)가 주어일 수 없습니다. 따라서

"사람의 영혼"을 문장의 주어로 삼은 개역의 번역은 히브리어 문장 관계를 충분히 이해하지 못한 번역입니다.

　두 번째로, 앞에서 설명했듯이 "잠언"으로 번역한 히브리어 '마샬'의 본 뜻은 "비교", "비유"입니다. 또한 평행법이라는 것은 상반절과 하반절을 각각 독립적으로 이해하는 것이 아니라 두 문장을 함께 이해하는 것입니다. 종합해 보면, 잠언 20장 27절은 "주님의 등불은 마치 사람이 숨을 쉬는 것처럼 사람의 속을 더듬어 살핀다"는 뜻입니다. 즉, 숨을 쉴 때 공기가 뱃속으로 들락거리듯이 하나님이 우리의 속을 다 들여다 보고 계신다는 의미입니다.

　히브리어 원문과 단어별로 비교해 보면, 잠언 20장 27절의 공동번역은 히브리어 원문의 어휘나 구조와 많이 다릅니다. 전반부에서 '네르'(등불)라는 단어를 뺐으며, "지켜보시고"라는 원문에 없는 단어를 집어넣었습니다. 개역의 번역이 오히려 원문에 있는 어휘들을 번역에 많이 포함시켰습니다. 하지만 원문이 말하고자 하는 의미의 관점에서 보자면, 개역보다 공동번역이 의미를 더 잘 반영하고 있습니다.

* * *

　히브리어 문법이나 평행법의 구조를 잘 모르더라도, 잠언 20장 전체의 문맥을 살펴보는 것만으로도 개역과 공동번역 둘 중 어느 번역이 더 본문의 의도를 반영한 번역인지 알 수 있습니다. 17절은 "속이고 취한 음식물"에 대한 것이고, 19절은 "두루 다니며 한담하는 자"에 대한 경고입니다. 20절은 "부모를 저주하는 자"에 대한 것이고, 23절은 "한결같지 않은 저울 추"를 주님께서 미워하신다고 말합니다. 타인을 속이거나 남이 듣지 못하는 곳에서 하는 말까지도 주님께서 다 아신다는 것을 강조하는 표현입니다.

지금 다루고 있는 본문의 바로 앞 절(26절)은 "지혜로운 왕은 악인들을 키질하며 타작하는 바퀴를 그들 위에 굴리느니라"고 말합니다. 즉, 하나님을 상징하는 "지혜로운 왕"의 정의로운 심판을 나타냅니다. 이 뒤에 이어 나오는 "사람의 영혼은 여호와의 등불"이라는 개역의 번역은 문맥에 전혀 어울리지 않습니다. 잠언 20장은 인간 영혼이 어떤 것인지, 그 역할이 무엇인지를 설명하는 것과는 아무 상관이 없습니다. 오히려 남을 속이는 거짓말과 타인에 대한 험담이 아무리 은밀하게 행해지더라도 하나님은 다 아신다는 것을 나타냅니다. 더 넓게는, 하나님을 경외하고 그분을 두려워하는 것이 모든 지식과 지혜의 출발점이라고 하는 잠언 전체의 주제에 비추어서도 개역보다는 공동번역의 이해가 훨씬 적절합니다.

이렇듯, 어떤 특정한 구절을 이해할 때 전체적인 문맥 속에서 그 의미를 파악하는 것이 중요합니다. 구절들을 문맥에서 떼어내는 "요절"식 성경읽기가 이러한 면에서 가장 나쁜 방식이라 할 수 있습니다.

잠언을 읽는 방법(6): "문맥의 적합성"

본문의 특정한 단어나 구절은 반드시 그것이 포함된 큰 문맥 속에서 이해되어야 합니다. 잠언의 마지막 장인 31장의 "현숙한 여인"

을 문맥 안에서 읽어보도록 하겠습니다.

> 누가 현숙한 여인을 찾아 얻겠느냐 그의 값은 진주보다 더 하니라
> (31:10).

쉬운성경과 현대인의성경은 개역의 번역과 마찬가지로 "현숙한 여인"으로 번역했습니다. 반면에, 공동번역은 "어진 아내"로, 새번역은 "유능한 아내"로 번역했습니다. "현숙한"과 "어진"과 "유능한"은 의미의 범주가 다른 형용사입니다. "현숙한"은 지혜롭고 정숙한 동양적인 현모양처를 표현하는 번역이라면, "어진"은 마음이 너그럽고 착하다는 성격적 측면이 강조된 번역입니다. 현숙과 어짊은 의미상 겹치는 부분이 있지만, 마음이 착하다고 반드시 현명한 것은 아니고, 똑똑하다고 다 너그럽지는 않을 것입니다. 이에 반하여, 새번역의 "유능한"은 성격이 아니라 능력을 문제 삼고 있습니다. 이 중에서 어느 것이 가장 좋은 번역이라 할 수 있을까요?

어원적인 측면에서 볼 때 "유능한"으로 번역한 새번역에 한 표를 주겠습니다. 히브리어 '하일'(חיל)의 뜻은 "힘"과 "능력"입니다. "힘/능력"이란 주어진 상황에 따라 그 속뜻이 달라지는 의미의 폭이 넓은 추상명사입니다. 여호수아나 다윗이 처한 전쟁의 상황에서는 전투력이 곧 능력일 터이고, 룻과 나오미 같은 가난한 일가친척을 두고 있는 보아스 같은 경우라면 경제력이 곧 힘일 것입니다. 따라서 이 단어는 한글성경에서 상당히 여러 가지로 번역됩니다. 개역한글을 예로 들자면, 히브리어 '하일'은 "재물"(창 34:29), "능한 자"(창 47:6), "군

대"(출 14:4), "재덕이 겸전한 자"(출 18:21),[4] "용맹"(삼상 14:52) 등으로 다양하게 해석되었습니다. 입다(삿 11:1)나 여로보암(왕상 11:28), 사울(삼상 14:52), 나아만(왕하 5:1)과 같은 사람을 묘사하는 단어로 '하일'이 쓰일 때는 주로 "용사"나 "용맹한 자" 등으로 해석했고, 보아스(룻 2:1)나 기스(삼상 9:1)의 경우에는 "유력한 자", "유력한 사람"으로 번역했습니다. 이 예들은 모두 남자를 지칭하는 경우로서, 그 어느 경우도 "어진" 성격을 나타내거나 "지혜롭고 정숙한" 유교적 품성을 나타내지 않습니다.

* * *

문맥적 측면을 살펴보겠습니다. 잠언 31장은 아주 길게 한 여인을 설명하고 있습니다.

> 그런 자는 살아 있는 동안에 그의 남편에게 선을 행하고 악을 행하지 아니하느니라. 그는 양털과 삼을 구하여 부지런히 손으로 일하며 (31:12-13).

이 두 구절만 보면 가사일에 충실한 동양적 현모양처의 이미지에 잘 어울립니다. 하지만 잠언은 계속해서 이 여인을 이렇게 묘사합니다.

4.　개역개정에서는 "능력 있는 사람들"이라고 수정하였습니다.

상인의 배와 같아서 먼 데서 양식을 가져 오며 … 밭을 살펴 보고 사
며 자기의 손으로 번 것을 가지고 포도원을 일구며(31:14, 16).

집안일만 잘 하는 것이 아니라, 양식을 구하러 집 바깥 아주 멀리
도 나가며, 부동산 구입과 관리도 도맡아 합니다. 만든 옷과 띠를 팔
고(24절), 밤 늦도록 장사를 하며(18절), 어려운 이웃을 돕는 구제행위에
도 솔선수범합니다(20절). 어질거나 착한 성격을 나타낸 공동번역이
나 현모양처라는 유교적 품성을 부각시킨 개역으로는 잠언 31장에
서 묘사하는 여인의 특질들을 다 포괄하기는 어려워 보입니다. 집의
안과 밖을 다 관할하며 사업수단까지 좋은 여자를 "어진"이라는 형
용사로 묘사할 수는 없습니다. 문맥으로 보아서도 새번역의 "유능한
아내"가 가장 적절해 보입니다.

* * *

여기서 다시 한번 문제 삼고 싶은 것은 번역자의 태도입니다. 개
역이나 공동번역을 번역하신 분은 히브리어 단어 '하일'의 기본적인
뜻이 "힘/능력"이라는 것을 잘 알고 있습니다. 남성의 경우에는 대
부분 이 기본적인 의미를 그대로 적용했습니다. 하지만 같은 단어가
여성에게 적용될 때는 "현숙한" 또는 "어진"이라는, 남성에게는 한
번도 적용된 적이 없는 의미를 부여했습니다. 새번역처럼 "유능한
아내"로 번역하는 것이 특별히 문맥에 맞지 않거나 표현이 어색한

것도 아닙니다. 그럼에도 개역과 공동번역의 번역자는 잠언 31장의 일부 구절에만 해당되는 유교적 현모양처의 프레임으로 본문의 의미를 가둬 놓고 있습니다. 심하게 말하면 이것은 텍스트에 대한 '폭력'입니다.

또한 번역자는 현모양처가 되는 것이 여성의 능력이며 착하고 어진 것이 여성의 힘이라는 가부장적 가치관을 독자에게 강요하고 있습니다. 이 "현숙한"이 "능한"이나 "재덕을 겸전한"과 같은 단어라는 사실을 알지 못하는 독자는 잠언 31장을 현모양처라는 유교적인 틀 안에서 읽을 수밖에 없습니다. 이것은 독자에 대한 '폭력'입니다. 원문과 독자를 연결하는 전달자로서, 번역자가 가질 수 있는 가장 나쁜 태도라 여겨집니다.

잠언을 읽는 방법(7): '수직적 읽기'와 '수평적 읽기'

마지막으로 언급하고 싶은 것은 '수직적 읽기'와 '수평적 읽기'입니다. '수직적 읽기'는 나와 하나님 사이의 개인적인 관계에 초점을 맞춘 성경해석을 말하고, '수평적 읽기'는 인간과 인간 사이에, 더 확장해서는 인간과 자연 세계 사이의 관계에 관한 것입니다. '수직적 읽기'는 하나님께 대한 우리의 신앙심을 표현합니다. 성경을 통해 하나님을 더욱 알고자 하고, 내가 하나님 앞에 어떠한 자세와 태도로서 있어야 하는가를 깨닫고자 하는 것은 아주 바람직한 신앙인의 태도입니다. 그럼에도 잠언을 '수직적'으로 읽는 것은 때로는 본문의 의미를 왜곡하게 만듭니다. 앞에서도 말했듯이, 규범적 지혜는 이 땅에서 우리가 어떻게 살고 이웃들과 어떤 관계를 맺기를 하나님이 원하시는가에 초점을 맞추고 있기 때문입니다. 하나님 자신을 설명하려는 것이 아니라 우리를 향한 하나님의 뜻을 알리는 것이 잠언의 목적입니다.

* * *

잠언의 "수평성"에 대한 좋은 예로 잠언 6장 16-19절을 들 수 있습니다.

> 여호와께서 미워하시는 것 곧 그의 마음에 싫어하시는 것이 예닐곱
> 가지이니 곧 교만한 눈과 거짓된 혀와 무죄한 자의 피를 흘리는 손과
> 악한 계교를 꾀하는 마음과 빨리 악으로 달려가는 발과 거짓을 말하
> 는 망령된 증인과 및 형제 사이를 이간하는 자이니라(6:16-19).

천주교의 '칠죄종', 즉 일곱 가지 대죄(*septem peccata capitalia*)는 다음과 같습니다: (1) 교만(*supervia*), (2) 인색(*avaritia*), (3) 질투(*Invidia*), (4) 분노(*ira*), (5) 음욕(*luxuria*), (6) 탐욕(*gula*), (7) 나태(*acedia*). 각 죄를 담당하는 악마도 있습니다. 이 일곱 가지 대죄는 언뜻 보아서는 잠언 6장의 하나님이 미워하시는 일곱 가지와 유사해 보입니다.

천주교의 칠죄종	잠언 6장
교만: 루시퍼	거만한 눈
인색: 맘몬	거짓말하는 혀
질투: 레비아탄	무고한 피를 흘리는 손
분노: 아몬	간악한 계획을 꾸미는 심장

음욕: 바알제불	악한 일을 하려고 달려가는 발
탐욕: 아스모데오	거짓 증언
나태: 벨페고르	형제 사이의 이간질

하지만 이 두 가지 리스트를 꼼꼼히 비교해 보면 상당히 많은 차이가 있음을 알게 됩니다. 일단 칠죄종의 첫 번째 죄인 "교만"이 잠언의 "거만한 눈"과 유사한 의미라 가정하더라도, 나머지 여섯 가지죄에 대해서 잠언 6장은 언급하고 있지 않습니다. 초대교회, 특히 아우구스티누스 이후 로마교회가 인간의 죄를 이해하는 데 있어서 가장 중요한 위치를 차지하고 있는 욕망(음욕과 탐욕을 다 포함하여)을 잠언 6장은 하나님이 싫어하시는 것의 목록에 포함시키지 않습니다. 한 가지 흥미로운 것은 잠언 전체에서 게으르지 말라고 가르치는 말씀이 많이 있음에도 이 목록에는 빠져 있다는 것입니다. 칠죄종에 나태가 포함되어 있는 것과는 다르게 말입니다. 또한, 잠언 6장에서 두 번이나 언급된 거짓말(17, 19절)이 칠죄종에는 포함되어 있지 않다는 사실도 흥미롭습니다.

이 두 가지 목록은 비슷한 내용을 다른 표현으로 나타낸 것이 결코 아닙니다. 둘 사이에는 죄를 이해하는 아주 근본적인 차이가 있습니다. 천주교의 칠죄종은 한 사람이 갖는 마음의 상태를 나타냅니다. 하나님 앞에서 한 개인이 가져서는 안 되는 마음가짐을 죄로 규정하고 있으며, 이 마음의 상태는 하나님이 허락하신 것이 아니라 악마에 의해 조종되는 상태를 나타냅니다. 질투, 탐욕, 음욕, 나태 같은 악한 것을 자신의 영혼에서 몰아내는 것이 하나님 앞에 온전히 서 있는 상태라고 할 수 있습니다.

하지만 잠언 6장에서 말하는 것은 한 개인의 마음 상태가 아니라 인간 상호 간의 관계를 깨뜨리는 행위들입니다. 사람 사이를 이간질 하며 무고한 사람을 해하려고 계획하는 것, 폭력을 행사하는 것 등은 한 개인의 문제를 가리키지 않습니다. 혼자 자신의 마음 속으로 하는 거짓말은 큰 의미가 없으므로 칠죄종에는 포함시키지 않았습니다 만, 잠언 6장은 법정에서 누군가에게 해를 끼칠 수 있는 거짓증언을 중요하게 다루고 있습니다. 이런 분류에 기초해서 살펴보면 칠죄종 의 "교만"과 잠언 6장의 "거만"은 전혀 비슷한 표현이 아닙니다. 칠 죄종이 "하나님 앞에서의" 또는 "하나님께 대한" 인간의 교만을 대 죄로 여긴다면, 잠언 6장의 "거만한 눈"은 이웃을 대하는 태도를 의 미합니다.

한 마디로 말하자면, 칠죄종은 죄를 '수직적'이고 '개인적'으로 이해하는 반면, 잠언 6장은 죄를 '수평적'이고 '관계적'으로 파악하 고 있습니다. 이 차이점을 명확하게 인식하고 잠언을 읽는 것이 상당 히 중요합니다. 하나님께 순전하려는 우리의 신앙심이, 인간 상호간 의 수평적인 관계를 중요시하는 잠언의 목소리를 때로는 제대로 듣 지 못하게 하기도 합니다.

제5장
규범적 지혜로서 잠언의 신학적 의미

잠언과 신정론

신정론(Theodicy)은 하나님의 '하나님 되심'(Godness)과 하나님의 '선하심'(Goodness)을 다루는 신학 주제 중 하나입니다. 하나님의 절대주권과 절대선이 갖는 의미를 묻고, 그것이 한 개인에게, 그리고 창조 세계 전체에 어떠한 가치를 지니는가를 탐구합니다. 단순히 '주제 중 하나'라고 부르기에는 그 주제가 신학과 신앙에서 차지하는 위치가 너무 큽니다. 학문적인 논의에서만이 아니라, 세계와 마주하고 있는 우리 자신의 삶에서 신정론의 문제는 때로는 우리의 믿음과 가치관을 굳건히 하기도 하고, 때로는 송두리째 뒤흔들어 버리기도 합니다. 그리고 가끔은 생각지도 못한 위로를 주기도 합니다. 어쩌면 신정론의 문제는 해답이 중요한 게 아닐지도 모르겠습니다. 정답이 이미 주어졌다면 인류가 수천 년 동안 같은 질문을 계속해서 되물을 이유가 없었을 테니까요.

잠언이 속해 있는 규범적 지혜가 하나님의 속성, 하나님과 인간의 관계 등을 어떻게 이해하고 있는가를 다섯 가지로 정리하겠습니다. 이 다섯 가지 주제에서 잠언과 욥기와 전도서가 어떻게 차이가 나는지를 드러내는 것이 이 책의 핵심입니다.

1) 신의 절대주권(Godness) = "신이 정해놓은 패턴이 있다"

잠언이 하나님의 "하나님 되심"을 설명하는 방식은, 하나님이 창조세계를 어떤 특정한 패턴으로 만드셨다는 것입니다. 해가 뜨고 지고, 가을 다음에 겨울이 오는 패턴을 정하신 분이 하나님이고, 특정한 패턴의 변하지 않는 반복이 이 세상을 통치하시는 하나님의 절대주권을 잘 보여줍니다. 패턴의 가장 중요한 속성은 불변성과 예측가능성입니다. 자주 변한다면 패턴일 수 없고, 예측할 수 없다면 그것을 패턴이라 부를 수 없습니다.

2) 신의 절대선(Goodness) = 권선징악/인과응보(Retribution)

하나님이 창조하신 패턴/규범을 잘 알고 따르는 지혜자(=의인)에게는 신의 보상이 따르고, 그렇지 못한 무지한 자(=악인)에게는 징벌이 따른다는 권선징악의 원리가 하나님의 선하심을 나타냅니다. 규범적 지혜의 가장 큰 특징은 하나님의 절대주권과 절대선이 서로 상충하지 않는다는 것입니다. 둘 사이가 상충되는 듯이 보이는 때, 즉 하나님이 정하신 규범이 작동하지 않는 듯 보이는 순간들이 있을지라도 그것은 잠시일 뿐 곧 그 규범대로 될 것입니다. 하나님이 창조하신 규범대로 창조세계가 진행되어가는 것이 하나님이 선한 분임을 입증하는 증거입니다. 만약 규범을 잘 따랐음에도 불구하고 예측 가능한 결과가 나오지 않는다면, 그것을 더 이상 규범이라 부를 수 없고 그 규범을 만드신 분이 선한 분일 수는 없습니다.

3) 인간의 겸손 = 신에 대한 경외 = 하나님의 패턴을 알고 따르는 것

하나님은 뿌리는 대로 거두게 하시는 분이기 때문에 그분이 창조하신 규범을 알고 따르는 것이 피조물인 인간의 의무입니다. 동시에, 그 패턴대로 살지 못할 경우 하나님의 징벌이 임한다는 사실은 패턴을 알아야 할 당위성을 제공해 줍니다. 하나님은 창조세계를 특정한 규범의 틀로 창조하셨고, 그 규범을 아느냐 모르느냐가 인생의 성공과 실패를 좌우하기 때문에, 인간에게 하나님은 두려운 존재입니다. 겸손한 인간은 하나님을 경외하는 인간이며, 그분을 두려워하는 것이 모든 지혜와 지식의 출발점이 됩니다.

4) 규범의 인식 가능성 = 인간은 하나님의 패턴을 알 수 있다

비록 쉽지는 않지만 사람은 하나님이 창조하신 패턴을 알 수 있습니다. 하나님이 주신 말씀(특수계시)과 자연현상(일반계시)을 통해 규범은 인식 가능합니다. 그러므로 하나님을 경외하는 겸손한 사람은 밤낮으로 그분의 말씀을 묵상해야 하며, 자연현상과의 비교('마샬')를 통해 창조세계의 패턴을 이해할 수 있습니다. 패턴을 이해하는 것은 오랜 노력과 경험을 필요로 하기 때문에, 규범적 지혜에서 나이가 들어가는 것은 더욱 지혜로워지는 것을 의미합니다. 반면 젊음은 아직 지혜에 다다르지 못한 상태를 표현합니다. 잠언에서 "아들"로 상징되는 젊은이는 지혜의 바른 길을 갈 수도 있고 악의 유혹에 빠질 수도 있습니다. 그렇기에 잠언 같은 규범적 지혜의 말씀을 배울 필요가 있습니다.

5) 이분법적 가치판단: 좋고(선) 나쁨(악)이 분명하다

권선징악의 원리를 가장 밑바탕에 깔고 있기 때문에 규범적 지혜에서는 선과 악의 구분이 명확합니다. 그래야 무엇이 보상이고 무엇이 징벌인지 알 수 있습니다. 생명은 좋은 것이고 멸망이나 죽음은 나쁜 것입니다. 질병은 악이지만 치료는 선입니다. 진실은 좋은 것이고 거짓은 나쁜 것입니다. 사랑과 미움, 겸손과 교만, 공평과 속임, 인자와 잔인, 구제와 인색 사이의 경계선은 분명하며, 무엇이 좋고 무엇이 나쁜지 잠언은 반복적으로 말하고 있습니다.

제2부

반성적 지혜(1):

욥기

제1장
욥기 서문(욥1:1-5)과 규범적 지혜

조지 어니스트 라이트(George Earnest Wright, 1909-1974)는 미국 맥코믹 신학교(McCormick Theological Seminary)와 하버드대 신학과(Harvard Divinity School)에서 구약과 성서고고학을 가르친 저명한 학자입니다. 그는 말년에 일생의 작업으로 욥기 번역에 착수했습니다만 몇 년의 작업 끝에 결국 포기를 선언합니다. 욥기는 도무지 현대어로 번역할 수 없다는 이유였습니다. 욥기에 쓰인 히브리어 중 상당수는 욥기에서만 한두 번 쓰인 것이 전부여서 도무지 정확한 뜻을 알기 어렵고, 또한 다른 데서 흔히 쓰이는 단어들도 욥기는 욥기만의 고유한 의미로 이해해야 하는 경우가 적지 않기 때문입니다. 단어와 문장의 레벨에서 해석이 안 되는데 욥기 전체를 제대로 이해하는 것이 가능할 리가 없을 것입니다.[1]

---

1. 조지 어니스트 라이트의 욥기에 관한 이 에피소드는 라이트의 제자이자 맥

그만큼 욥기는 어렵습니다. 히브리어 원어로 접근했을 때 가장 이해하기 까다로운 성경이 바로 욥기입니다. 우리말이나 영어로 깔끔하게 번역된 성경을 가지고도 욥기를 파악하기가 쉽지 않은 마당에 그 번역들마저 많은 부분 수정과 재해석이 필요하다면, 욥기 전공자가 아닌 사람은 욥기 읽기를 애초부터 그만두어야 할까요? 저는 이 글에서 욥기를 이해하는 전체적인 틀을 제공하고자 합니다. 지혜서의 장르적 특성을 이해하고, 욥기가 잠언과 어떠한 관계를 맺고 있는가를 이해하면 욥기가 독자에게 무슨 말을 하고 싶은가를 파악할 수 있게 될 것입니다.

욥기를 읽는 몇 가지 열쇠

1) 첫 구절을 대충 읽지 마라

성경에서 어떤 이야기가 시작되는 첫 구절은 가벼운 "도입부"가 결코 아닙니다. 생각보다 훨씬 많은 정보가 담겨 있을 뿐 아니라 다음에 이어지는 내용 전체를 이해하는 틀과 기반을 제공합니다. 욥기의 첫 구절(1:1), 첫 단락(1:1-5), 그리고 욥기의 "서문" 또는 "프롤로그"라 (잘못) 불리는 욥기 1-2장을 제대로 이해하는 것이 욥기 전체의 내용을 파악하는 핵심입니다. 정말 중요한 내용이 욥기의 뒷부분에 가

코믹 신학교의 구약학 교수 테오도르 히버트(Theodore Hiebert)에게 직접 들은 이야기입니다.

서야 나올 거라는 기대는 선입견일 뿐입니다. 욥기는 첫 두 장에서
핵심을 다 이야기합니다.

2) "현대인의 시각"으로 욥기를 읽지 마라

고대 문헌을 고대인들의 문헌양식이나 사고방식으로 이해하지
않고 우리에게 익숙한 현대인의 시각으로 읽는 것은 욥기를 잘못 이
해하는 흔한 오류입니다. '원죄론'이나 '이신칭의', '행위와 율법의 이
분법'과 같은 구약시대에는 존재하지 않았던, 또는 구약시대의 독자
에게는 낯선 틀로는 욥기를 바르게 이해할 수 없습니다. '교만과 징
벌'이라는 오랜 전통을 가지고 있는 욥기 해석의 뿌리에는 이러한 시
대착오적 이해가 깔려 있습니다. 하지만 '모든 인간은 죄인'이라는
신학적 관점은 반성적 지혜가 제기하는 '의로운 자의 고난'이라는 주
제에 부합하지 않습니다. '의로운 자의 고난'이라는 주제의 가장 중
요한 전제는 고난을 당하는 사람이 '의롭다', 즉 그 고난을 당할 만한
잘못을 저지르지 않았다는 것이기 때문입니다. 이 대전제가 흔들리
면 '의로운 자의 고난'이라는 문제 제기 자체가 불가능합니다.

3) "캐릭터의 변화와 성장" 혹은 "극적 반전"을 기대하지 마라

현대인의 관점을 고대 문헌에 적용하는 두 번째 오류는 현대인
들에게 익숙한 드라마를 보듯이 욥기를 이해하는 것입니다. 주인공
이 갈등과 고난과 역경을 딛고서 캐릭터(성격)의 '성장'을 이루거나,
이전에는 몰랐던 어떤 '깨달음'에 이르는 것이나, 최후의 극적 반전
을 기대하는 것 등이 이런 오류에 속해 있습니다. 근대 유럽의 시대

정신이 반영된 '성장소설'이나 '교양소설'이 구축해 놓은 성장과 반전의 구조는 21세기에도 여전히 유효한 틀로서 영화나 드라마의 뼈대를 이루고 있습니다.

'교만과 징벌'의 전통적인 해석틀은 점점 현대학자들의 '성장과 깨달음'이라는 해석틀로 대체되고 있습니다. 이것이 현대인의 문화적 렌즈에 잘 부합하기 때문에 설교 강단에서도 이러한 해석이 선호되고 있는 듯합니다. 하지만 '죄(교만)에 대한 징벌, 회개로 인한 회복'의 전통적 이해 구도와 '무지에서의 깨달음'이라는 해석은 사실상 별 차이가 없습니다. 지혜 장르에서 죄와 무지는 동의어입니다. 잠언에서 살펴보았듯이 하나님의 뜻과 규범을 모르는 우매한 자는 악인이며, 악인은 곧 죄인입니다. 욥이 이전에는 몰랐던 새로운 것을 깨달았다는 주장은 '교만'을 '무지'로, '회개'를 '깨달음'으로 표현만 바꿨을 뿐, 전통적인 틀을 그대로 유지하고 있습니다. 새로운 주장이 전혀 아닙니다. 욥기의 마지막에 가서야 무언가 대단한 반전이나 엄청난 깨달음이 있을 거라는 것은 단지 현대 독자들의 기대일 뿐입니다. 이 기대를 버려야 욥기가 보입니다.

4) 잠언과의 차이점에 주목하라

오히려 욥기는 지혜 장르가 가지고 있는 '규범적 지혜'와 '반성적 지혜'의 틀에서 읽을 때에야 비로소 자신의 속살을 보여줍니다. 즉, 욥기가 잠언이 그동안 들려준 이야기와 어디에서 갈라지는지를 살펴보아야 욥기에서 무슨 질문을 제기하는지, 욥기의 등장인물들이 무슨 말을 하고 있는지, 욥기의 하나님이 하시는 말씀이 무슨 뜻인지를 이해할 수 있게 됩니다. 우리가 가지고 있는 성경은 잠언보다 욥기가 앞에 위치해 있어서 잠언과 욥기의 관계를 파악하기 쉽지 않게 되어 있습니다. 이 순서는 전통적으로 알려진 저자를 기준으로 연대순으로 나열한 것입니다. 아브라함과 동시대로 알려진 욥을 가장 먼저 위치시키고, 주 저자가 다윗으로 알려진 시편을 그 다음에, 그리고 그 뒤에 솔로몬의 잠언과 전도서를 배치시키는 방식입니다. 반면에 유대 경전(Hebrew Bible)은 분량에 따라 순서를 정하는 경향이 있습니다. 가장 긴 시편을 성문서(케투빔)의 맨 처음에, 42장의 욥기를 그 다음에, 31장의 잠언과 12장의 전도서가 뒤를 잇는 구조입니다. 하지만 '저자'나 '분량'이 아니라 '내용'에 관해서 보자면, 사실 욥기는 잠언이 끝난 곳에서 시작합니다.

규범적 지혜의 화신 욥

우스 땅에 욥이라 불리는 사람이 있었는데 그 사람은 온전하고 정직하여 하나님을 경외하며 악에서 떠난 자더라(1:1).

욥이 살던 우스 땅이 어디에 있는지, 욥이 아브라함과 동시대 사람인지 아닌지는 명확하지 않으며, 또한 중요하지도 않습니다. 시대와 역사를 초월하는 인류 공통의 경험을 바탕으로 한 지혜서들의 특성을 이해한다면, 욥이 청동기시대 사람인지 철기시대 사람인지, 욥이 살던 곳이 메소포타미아인지 가나안 땅인지는 전혀 중요한 문제가 아닙니다. 욥기의 저작 연대가 언제인가 하는 문제도 욥기를 이해 하는데 있어 지엽적인 문제입니다. 욥기가 모세 시절에 쓰였든 제2 성전기에 쓰였든 욥기가 던지는 질문과 대답에 대한 이해가 그다지 달라질 것은 없습니다.

그보다는 욥기의 맨 처음에 욥이라는 사람을 어떤 사람으로 묘 사하고 있는가가 핵심입니다. 욥기 1장 1절은 그를 "온전"하고 "정 직"한 사람이며 "하나님을 경외"하는 사람이고 "악에서 떠난" 사람 이라고 정의합니다. 욥의 캐릭터를 설명하는 이 네 가지 표현은 한 마디로 말하자면, 욥은 잠언이 이야기하는 지혜를 정확히 구현한 사 람이라는 말입니다.

> 그는 **정직한 자**를 위하여 완전한 지혜를 예비하시며
> **행실이 온전한 자**에게 방패가 되시나니(잠 2:7).
> 스스로 지혜롭게 여기지 말지어다
> **여호와를 경외하며 악을 떠날지어다**(잠 3:7).

여기서 "정직한 자"라는 표현은 앞에서 설명했듯이 하나님이 바 라시는 길을 똑바로('야샤르', ישר) 가는 사람이라는 뜻입니다. "정직한 자"는 곧 "행실이 온전한 자"이며, "여호와를 경외"하는 것과 "악에 서 떠난" 것은 평행법적으로 동의어입니다.

욥기의 첫 선언은 바로 욥이라는 인물이 잠언적 지혜를 몸소 체 현한 사람이라는 것이고, 이것이 욥기 전체를 통해 변하지 않는 욥의 캐릭터입니다. 욥기 전체를 이해할 때 1장 1절의 캐릭터 설정이 변하

거나 흔들리면 안 됩니다. 욥기는 이 부분을 독자들에게 명확히 주지시키기 위해 똑같은 표현을 두 번 더 반복합니다. 그것도 하나님의 입을 통해서 말입니다.

> 여호와께서 사탄에게 이르시되 네가 내 종 욥을 주의하여 보았느냐 그와 같이 온전하고 정직하여 하나님을 경외하며 악에서 떠난 자는 세상에 없느니라(1:8).
>
> 여호와께서 사탄에게 이르시되 네가 내 종 욥을 주의하여 보았느냐 그와 같이 온전하고 정직하여 하나님을 경외하며 악에서 떠난 자가 세상에 없느니라(2:3).

만약 이 구절을 "의인은 없나니 하나도 없으며"(롬 3:10)로 대표되는 바울신학이나 아담 이후로 모두가 죄인이라는 원죄론 등을 바탕으로 해석한다면 우리는 욥기를 제대로 이해할 수 없습니다. 이런 관점에서는 하나님이 욥에 대해 잘못 알고 있었다, 욥에 대한 하나님의 평가가 틀렸다는 결론밖에는 내릴 수 없기 때문입니다.

* * *

욥기 1장 2절부터 5절까지는 욥이 잠언적 지혜의 화신이라는 것을 뒷받침해주는 근거로서 성경이 제시하는 것들입니다.

> 그에게 아들 일곱과 딸 셋이 태어나니라. 그의 소유물은 양이 칠천 마

리요 낙타가 삼천 마리요 소가 오백 겨리요 암나귀가 오백 마리이며

종도 많이 있었으니 이 사람은 동방 사람 중에 가장 훌륭한 자라(1:2-3).

그는 자녀의 축복과 재물의 축복을 받았습니다. 현대사회에서는
누군가 부자가 된 이유를 다양하게 설명하는 것이 가능합니다만, 이
시대에 부자를 설명하는 방식은 단순합니다. 그는 하나님께 복을 받
았기 때문입니다. 인과응보의 원리에 따르면, 자녀가 많고 재산이 풍
성하다는 사실은 욥이 하나님의 뜻에 따라 산 의인이자 지혜자임을
보증하는 증거입니다.

그의 아들들이 자기 생일에 각각 자기의 집에서 잔치를 베풀고 그의
누이 세 명도 청하여 함께 먹고 마시더라(1:4).

4절은 자녀들 사이의 우애를 나타내고 있습니다. 형제 사이의 화
목은 규범적 지혜에서 아주 높은 가치를 지닙니다. 형제 사이를 이간
질하는 것은 하나님이 미워하시는 일곱 가지 중의 하나이며(잠 6:19),
한번 깨어진 형제 사이의 우애를 다시 회복하는 것은 성을 점령하는
것보다 어려운 일입니다(잠 18:19).

그들이 차례대로 잔치를 끝내면 욥이 그들을 불러다가 성결하게 하
되 아침에 일어나서 그들의 명수대로 번제를 드렸으니 이는 욥이 말
하기를 혹시 내 아들들이 죄를 범하여 마음으로 하나님을 욕되게 하
였을까 함이라 욥의 행위가 항상 이러하였더라(1:5).

혹자는 이 구절에서 욥의 '잘못'을 찾기도 합니다. 그가 제사법을 어겼다거나 아니면 '행위'로 의로워지려 했다는 식으로 말입니다. 하지만 이 구절은 욥이 얼마나 하나님을 경외하는지, 그가 얼마나 "악에서 떠난 자"인지를 설명하는 구절입니다. 그는 자신뿐 아니라 자녀들이 마음으로 저지를 죄의 가능성마저 염려한 사람으로서, 그 누구보다 하나님을 두려워하며 하나님 앞에 겸손한 자였습니다.

만약 욥이 성결례법을 제대로 몰랐다거나 이신칭의의 교리를 모르는 것이 문제였다면, 욥기의 하나님은 왜 그 문제를 지적하지 않았을까요? 1절부터 5절에서 설명하는 욥은 하나님이 보시기에 가장 "온전하고 정직하여 하나님을 경외하며 악에서 떠난 자"입니다. 그가 받은 자녀와 재물의 복은 규범적 지혜를 온전히 구현한 자에게 하나님이 내리시는 상입니다. "겸손과 여호와를 경외함의 보상은 재물과 영광과 생명이니라"(잠 22:4).

* * *

반성적 지혜가 다루는 가장 중요한 주제는 '의로운 자의 고난'(innocent suffering)입니다. 이 주제를 다룰 때 절대 흔들려서는 안 되는 대전제는 바로 고난을 당하는 사람이 고난을 받을 만한 아무런 잘못을 하지 않았다는 것입니다. 만약 고난을 당하고 있는 사람이 무언가 잘못한 것이 있음이 드러난다면 그는 더 이상 '의로운 자'가 아닙니다. 단지 자신의 잘못에 대해 하나님의 징벌을 받고 있는 것이며, 이

것은 다시 인과응보의 규범적 지혜로 돌아가는 것입니다.

그러므로 반성적 지혜는 반드시 그 서두에 고난을 당하는 자가 규범적 지혜를 한 치의 오차도 없이 그대로 행했다는 것을 강조할 수밖에 없습니다. 욥기 1장과 2장에서 욥이 "온전하고 정직하여 하나님을 경외하며 악에서 떠난 자"라는 사실을 표현 한 번 바꾸지 않고 세 번이나 반복하는 이유는 욥이 앞으로 당하는 고난에 욥의 책임이 전혀 없다는 것을 분명히 하기 위함입니다.

잠언이 끝난 곳에서 욥기는 시작되고

하루는 하나님의 아들들이 와서 여호와 앞에 섰고 사탄도 그들 가운데에 온지라(1:6).

욥기의 '서문' 또는 '프롤로그'라 부를 수 있는 부분은 1장 5절까지입니다.[1] 욥이라는 인물이 잠언적 지혜의 화신임을 전제로 한 상태

1.　욥기 1장과 2장을 욥기 전체의 '서론'으로 보고, 3장부터 본격적인 '본론'이 시작된다는 관점이 더 널리 알려져 있습니다. 이 관점은 1-2장의 '순종하는 욥'이 3장 이후 '도전하는 욥'으로 변화된다고 보는 시각과 연관되어 있습니다(참조, 안근조, 『지혜말씀으로 읽는 욥기』, [감은사, 2020], 제7장 "순종에서 도전으로"). 1-2장의 산문과 3장 이하의 운문이라는 형식적인 차이가 이러한 관점을 뒷받침하는 듯 보입니다. 하지만 이 글에서 저는 1-2장의 욥과 3장 이하의 욥이 캐릭터와 발언의 내용에서 근본적으로 다르지 않다는 것을

에서 욥기는 새로운 문제를 제기합니다. 잠언의 가르침을 그대로 구현했음에도 불구하고 권선징악의 원리가 적용되지 않는 경우도 존재한다고 말입니다. 잠언적 지혜의 규범이 작동하지 않는 장소는 무엇보다 천상의 공간입니다. 욥기가 1장 6절, 즉 본론을 시작하면서 독자를 끌어들이는 공간이 천상회의라는 사실은 잠언이 다루고 있는 공간이 인간사회에 한정되어 있다는 규범적 지혜의 한계를 역으로 폭로합니다. 앞에서 살펴보았듯이 잠언은 철저히 '이 땅'의 이야기를 하고 있습니다. 하나님의 창조세계 중에서도 특별히 인간의 삶에 집중하고 있습니다. 개미나 노루나 새 등의 동물들은 인간 삶의 원리를 설명하고 비교('마샬')할 때에만 인용됩니다. 하지만 욥기의 삐딱한 지혜는 독자들의 신학적 사고의 영역을 인간 세계 너머로 초대합니다.

* * *

여기서 "하나님의 아들들"이나 "사탄" 같은 표현은 독자들의 상상력을 자극하기에 충분합니다. 하지만 이러한 상상력에 족쇄를 채울 필요가 있습니다. 왜냐하면 이들은 욥기에서 지극히 보조적인 역할만을 하기 때문입니다. 1장 6절과 2장 1절에 등장하는 "하나님의 아들들"은 여호와 앞에 서 있는 것을 제외하고는 아무런 행동도 아

드러낼 것입니다. 욥기의 서문이 1-2장이 아니라 1장 1-5절인 이유는 첫째, 욥이 잠언적 지혜의 화신임을 설명하는 곳이 바로 여기까지이며, 둘째, 6절의 천상회의부터 잠언에서는 나타나지 않는 주제가 등장하기 때문입니다.

무런 말도 하지 않습니다. 연극으로 치자면 역할이 극도로 수동적인 '들러리' 혹은 '엑스트라'일 뿐입니다.

그에 비해 사탄은 좀 더 역할이 큽니다. 그는 "땅을 두루 돌아 여기저기" 다니기도 하고(1:7), 하나님과 직접 일대일로 대화를 나누기도 합니다. 욥에게 고난이 생기게 된 것 역시 사탄의 질문에서 시작됩니다. 이 질문은 욥기의 전체를 관통하는 아주 중요한 질문입니다만, 우리가 신정론의 문제, 즉 의로운 자의 고난이라는 주제에서 이 사탄의 역할을 지나치게 강조할 필요는 없습니다. 나중에 신정론의 문제를 다룰 때 다시 살펴보겠습니다만, 욥기에서 사탄의 역할은 그리 크지 않습니다. 1장과 2장을 넘어가면 사탄은 이야기에서 사라집니다. 욥의 독백이나 친구들과의 대화, 엘리후의 발언, 하나님의 언설과 마지막 에필로그에 이르기까지 욥기 3장부터 42장까지 사탄은 단 한 번도 등장하지도 않고 언급되지도 않습니다.

욥기의 사탄은 1장과 2장에만 등장하는 조연에 불과합니다. 다만 기독교에서 '사탄'이라는 단어가 가지는 의미가 커서 이 조연이 신스틸러가 되었을 뿐입니다. 따라서 이 사탄이 대체 어떠한 존재인가, 어떠한 역할을 하는가, "하나님의 아들들" 중 하나인가 아닌가 등의 문제는 욥기를 이해하는 데 있어 전혀 중요한 문제가 아닙니다. 그것이 핵심적인 문제였다면 욥기는 그 부분을 자세히 설명했을 것입니다. 이 세상에서 갖는 사탄의 위치와 역할이 정말로 중요했다면 "땅을 두루 돌아 여기저기 다녀왔나이다"(1:7) 같은 두리뭉실한 표현으로 끝내지는 않았을 것입니다.

조연으로서 사탄의 역할은 욥이 당하는 고난의 원인이 욥에게 있지 않다는 것을 독자에게 분명히 하려는 데 있습니다. 욥에게 책임이 없다는 것을 강조하는 것이지 이 세상의 악과 고통의 원인이 사탄에게 있다고 설명하려는 것이 욥기의 의도는 아닙니다. 42장 11절은 "여호와께서 그에게 내리신 모든 재앙"이라고 말함으로써, 욥에게 고난을 주신 분이 하나님 자신이라는 것을 분명히 합니다.

"까닭 없이" 하나님을 경외하리이까

사탄이 여호와께 대답하여 이르되 욥이 어찌 까닭 없이 하나님을 경외하리이까 주께서 그와 그의 집과 그의 모든 소유물을 울타리로 두르심 때문이 아니니이까 주께서 그의 손으로 하는 바를 복되게 하사 그의 소유물이 땅에 넘치게 하셨음이니이다(1:9-10).

9절에서 "까닭 없이"라고 번역된 단어는 '힌남'(חנם)이라는 히브리어 단어입니다. 주로 "은혜"로 번역되는 단어 '헨'(חן)의 파생어로서, "긍휼, 불쌍히 여김"과 "공짜, 무료, 값없음"을 뜻합니다. 인간을 긍휼히 여기셔서 값없이 공짜로 주시는 것을 하나님의 은혜라고 합니다. 하나님은 아무런 대가를 바라지 않고 인간을 사랑하십니다. 여기서 사탄은 역으로 질문합니다. 인간은 아무런 대가를 바라지 않고 하나님을 사랑할 수 있냐고. 하나님에 대한 욥의 경외는 하나님이 그에게 주신 재물 때문이니 재물을 빼앗으면 욥이 하나님을 경외할 이유가 없어질 거라는 논리입니다.

"당신은 아무런 대가를 바라지 않고 하나님을 사랑할 수 있는가?" 이 질문이 바로 욥기가 독자들에게 던지는 가장 중요한 질문입니다. 이 질문은 비단 욥에게만 해당되지 않습니다. 욥기를 읽는 모든 신앙인들에게 던지는 질문이며, 동시에 규범적 지혜의 인과응보 사상이 가지고 있는 '약한 고리'를 정확히 짚어내는 질문입니다. 하나님을 믿고 경외하며 그의 말씀을 따르는 이유가 잠언이 약속한 '보상' 때문인가, 아니면 신에 대한 순수한 사랑의 발로인가? 선과 지혜를 따르고자 하는 마음이 하나님의 명령에 대한 순종과 그 앞에서의 겸손에서 비롯되었는가, 아니면 재물의 축복과 형통한 삶이 그 목적인가?

> 이제 주의 손을 펴서 그의 모든 소유물을 치소서 그리하시면 틀림없이 주를 향하여 욕하지 않겠나이까 여호와께서 사탄에게 이르시되 내가 그의 소유물을 다 네 손에 맡기노라 다만 그의 몸에는 네 손을 대지 말지니라 사탄이 곧 여호와 앞에서 물러가니라(1:11-12).

사탄의 주장은 계속됩니다. 보상이 없으면 욥은 규범적 지혜를 따르지 않을 것이라는 주장입니다. '뿌린 대로 거둔다'는 원리가 인과응보와 권선징악의 핵심입니다. 선을 뿌렸으면 거기서 선한 것이 나와야 합니다. 만약 하나님이 명하시는 올바른 길을 갔는데 그 결과물이 욥이 경험한 것들처럼 나쁜 것이라면 하나님이 명하시는 잠언적 규범을 행할 이유가 사라지게 됩니다. 그러면 어느 누구도 선을 행하지 않을 것이라는 게 사탄의 논리입니다.

여기서 한 가지 놓치지 말아야 할 것은, 앞으로 욥이 당하게 될 고난을 제안하는 인물은 사탄이지만 그 고난을 허락하고 실행에 옮기는 분은 하나님 자신이라는 사실입니다. "주의 손을 펴서 그의 모든 소유물을 치소서"라는 11절의 표현은 고난을 주시는 분이 하나님이라는 것을 분명히 하고 있습니다. 이 구절을 사탄의 교묘함과 교활함을 나타내는 구절로 이해할 수도 있습니다만, 그렇다면 욥기가 그려내는 하나님이 사탄에게 쉽게 속는 순진한 캐릭터라는 결론에 이르게 됩니다. 38장 이하의 하나님의 언설은 인간이 경험하고 이해할 수 있는 영역 바깥조차도 모두 하나님의 관할 하에 있다는 것을 강조합니다. 욥에게 고난을 허락하시는 1장 12절 역시, 인간이 경험하는 모든 불행과 고통 또한 하나님의 다스림 아래 있다는 사실을 나타내는 것이 그 목적입니다. 하나님이 아닌 다른 어떤 악의 세력에게 고통의 원인을 전가하는 것은 욥기가 말하고자 하는 바가 아닙니다.

그 이후 욥에게 닥친 고난을 살펴보아도 이 점이 분명합니다. 첫 번째는 "스바 사람"에 의해 소와 나귀와 종들이 죽은 사건이고(14-15절), 두 번째는 "하나님의 불"에 의해 양과 종들이 죽은 사건입니다(16절). 세 번째로 "갈대아 사람"이 낙타와 종들을 죽였으며(17절), 마지막으로 "큰 바람"으로 인해 욥의 자녀들이 죽게 됩니다(18-19절). 여기에서는 가축과 종들뿐 아니라 자녀들도 "소유물"로 보는 고대의 가치관과 더불어, 천재지변과 인재를 구별하지 않는 성경의 사고방식이 잘 나타납니다. 그 고난이 외국인들에 의한 참변이든 불과 바람에 의한 것이든 다 하나님이 하신 것입니다. 성경은 "사탄의 불"이 아니라 "하나님의 불"(16절)이라고 말합니다. 선과 악을 나누어서 선의 영역은 하나님이 다스리시고 악의 영역은 사탄이 지배한다는 이분법은 욥기와는 상관없습니다.

"주신 이도 여호와시요 거두신 이도 여호와시니"

욥이 일어나 겉옷을 찢고 머리털을 밀고 땅에 엎드려 예배하며 이르
되 내가 모태에서 알몸으로 나왔사온즉 또한 알몸이 그리로 돌아가
올지라 주신 이도 여호와시요 거두신 이도 여호와시오니 여호와의
이름이 찬송을 받으실지니이다 하고(1:20-21).

고난에 대한 욥의 반응, "주신 이도 여호와시요 거두신 이도 여호
와시오니"는 사탄의 질문에 대해 신앙인이 가질 수 있는 최고의 답
변입니다. 욥의 대답은 첫째, 하나님의 절대주권을 강조합니다. 모든
것을 주관하시는 분은 하나님이시라는 것입니다. 하나님이 주시거나
거두실 때 거기에 어떠한 이유나 법칙이 적용되지 않는다는 신앙고
백입니다. 둘째, 신앙이 보상을 목적으로 한다는 사탄의 주장에 정면
으로 반대하고 있습니다. 콩 심은 데 콩이 나지 않아도 하나님의 이
름이 찬송받지 못할 이유가 안 됩니다. 이 두 가지, 모든 것은 하나님
이 하신다는 하나님의 절대주권과, 규범적 지혜의 인과응보의 원리
대로 모든 것이 움직이지 않는다는 비판, 그리고 하나님에 대한 진정
한 사랑은 보상을 초월한다는 신앙은 욥기의 핵심입니다. 욥기는 이
미 1장에서 가장 중요한 질문과 가장 중요한 대답을 다 했습니다. 이
이후의 이야기는 1장에서 이미 다룬 이야기의 변주일 뿐입니다.

욥의 고난, 혹은 욥에 대한 첫 번째 시험은 "이 모든 일에 욥이 범

죄하지 아니하고 하나님을 향하여 원망하지 아니하니라"(1:22)로 끝납니다. 여기서 "원망"으로 번역된 단어는 히브리어로 '티플라'(תפלה)인데, "원망"보다는 "우매함"으로 이해하는 것이 더 낫습니다.[2] 지혜의 반대말입니다. 직역하면 "그는 하나님께 우매함을 주지 않았다"는 것은 고난을 대하는 욥의 자세야말로 욥기가 말하고자 하는 "지혜"라는 것입니다. 이 지혜는 잠언의 지혜와는 다릅니다. 권선징악, 인과응보의 원리를 넘어서는 지혜입니다. 콩 심은 곳에 콩이 난다는 보장이 없을 때 우리의 신앙은 어떠해야 하는가? 선한 것을 뿌린 대가가 악한 열매일 때도 우리는 여전히 선한 것을 추구할 수 있는가?

2.　예레미야 23장 13절의 "내가 사마리아 선지자들 가운데 우매함을 보았나니"에서 "우매함"으로 번역된 단어가 '티플라'(תפלה)입니다. 이 단어는 성경에서 많이 쓰이지 않아서 정확한 의미를 알기는 어렵습니다만, 가장 오래된 번역본인 칠십인역(LXX)은 이 단어를 '아프로수네'(ἀφροσύνη), 즉 "아둔함, 멍청함"으로 번역했습니다. 다른 가능한 독법으로는 '테필라'(기도)가 있습니다. 두 개의 고대 사본과 아람어 역본인 페쉬타가 이 단어를 '테필라'로 읽었습니다. 이렇게 읽으면, 1장 22절 하반절은 "욥은 하나님께 기도를 드리지 않았다"가 되는데, 이것도 충분히 가능한 읽기입니다. 여기서 "기도"는 청원기도를 의미합니다. 즉, 욥이 하나님께 고난에서 벗어나게 해달라는 기도를 하지 않았다는 뜻이 됩니다. 이슬람의 경전인 코란에도 욥에 대한 전승이 있는데, 거기서 욥은 자신의 몸이 질병으로 다 썩어 들어갈 때까지 하나님께 고쳐 달라는 청원기도를 하지 않습니다. 왜냐하면 질병을 주시는 분도 하나님이시기에 하나님이 주시는 것이면 무엇이든 그대로 받아들이는 것이 신앙인의 바람직한 태도이기 때문입니다. 코란의 욥은 마지막에 가서야 하나님께 기도를 드립니다. 벌레가 자신의 입과 혀를 갉아먹게 되는 지경에 이르자, 그는 자신의 입술로 더 이상 하나님을 찬양하지 못하게 되는 상태를 염려하게 되어 결국 청원기도를 드리게 되고, 그의 기도를 들으신 하나님이 욥을 치유하시고 회복하신다는 줄거리입니다. 코란의 욥기는 이 '티플라'(우매함)를 '테필라'(기도)로 읽는 전승과 관련이 되어 있는 듯 합니다.

그럴 수 없다는 것이 사탄의 신학이고, 그럴 수 있다는 것이 욥의 신앙입니다. 욥기 1장은 이렇듯 욥기의 핵심이 모두 나타나 있습니다.

"두 번째 시험"(욥 2장)

"두 번째 시험"이라 불리는 욥기 2장은 사실상 욥이 당한 고난의 종류가 다르고 그 고통의 정도가 더 심할 뿐, 욥기 1장과 완전히 동일한 구조로 되어 있습니다.

1:6	하루는 하나님의 아들들이 와서 여호와 앞에 섰고 사탄도 그들 가운데에 온지라	2:1	또 하루는 하나님의 아들들이 와서 여호와 앞에 서고 사탄도 그들 가운데에 와서 여호와 앞에 서니
1:7	여호와께서 사탄에게 이르시되 네가 어디서 왔느냐 사탄이 여호와께 대답하여 이르되 땅을 두루 돌아 여기저기 다녀왔나이다	2:2	여호와께서 사탄에게 이르시되 네가 어디서 왔느냐 사탄이 여호와께 대답하여 이르되 땅을 두루 돌아 여기 저기 다녀 왔나이다
1:8	여호와께서 사탄에게 이르시되 네가 내 종 욥을 주의하여 보았느냐 그와 같이 온전하고 정직하여 하나님을 경외하며 악에서 떠난 자는 세상에 없느니라	2:3	여호와께서 사탄에게 이르시되 네가 내 종 욥을 주의하여 보았느냐 그와 같이 온전하고 정직하여 하나님을 경외하며 악에서 떠난 자가 세상에 없느니라 네가 나를 충동하여 까닭 없이 그를 치게 하였어도 그가 여전히 자기의 온전함을 굳게 지켰느니라
1:9-10	사탄이 여호와께 대답하여 이르되 욥이 어찌 까닭 없이 하나님을 경외하리이까 주께서 그와 그의 집과 그의 모든 소유물을 울타리로 두르심 때문이 아니니이까 주께서 그의 손으로 하는 바를 복되게 하사 그의 소유물이 땅에 넘치게 하셨음이니이다	2:4	사탄이 여호와께 대답하여 이르되 가죽으로 가죽을 바꾸오니 사람이 그의 모든 소유물로 자기의 생명을 바꾸올지라

1:11	이제 주의 손을 펴서 그의 모든 소유물을 치소서 그리하시면 틀림없이 주를 향하여 욕하지 않겠나이까	2:5	이제 주의 손을 펴서 그의 뼈와 살을 치소서 그리하시면 틀림없이 주를 향하여 욕하지 않겠나이까
1:12	여호와께서 사탄에게 이르시되 내가 그의 소유물을 다 네 손에 맡기노라 다만 그의 몸에는 네 손을 대지 말지니라 사탄이 곧 여호와 앞에서 물러가니라	2:6	여호와께서 사탄에게 이르시되 내가 그를 네 손에 맡기노라 다만 그의 생명은 해하지 말지니라
1:21 -22	이르되 내가 모태에서 알몸으로 나왔사온즉 또한 알몸이 그리로 돌아가올지라 주신 이도 여호와시요 거두신 이도 여호와시오니 여호와의 이름이 찬송을 받으실지니이다 하고 이 모든 일에 욥이 범죄하지 아니하고 하나님을 향하여 원망하지 아니하니라	2:10	그가 이르되 그대의 말이 한 어리석은 여자의 말 같도다 우리가 하나님께 복을 받았은즉 화도 받지 아니하겠느냐 하고 이 모든 일에 욥이 입술로 범죄하지 아니하니라

두 번째 고난(욥 2:1-10)에서 하나님은 욥을 "온전하고 정직하여 하나님을 경외하며 악에서 떠난 자"(2:3)로 재확인해 줍니다. 그러면서 욥이 "까닭 없이" 고난을 당했다는 말로, 욥의 고난이 아무런 정당한 사유가 없음을, 그 고난에 관하여 욥이 잘못한 것이 전혀 없음을 다시 한번 강조합니다.[3]

---

3. 2:3의 "네가 나를 충동하여 까닭 없이 그를 치게 하였어도"라는 표현은 마치 하나님이 사탄에게 책임을 돌리려는 듯 보이기도 합니다. 이 구절의 원어를 직역하면, "까닭 없이('힌남') 네가 나를 충동하여 (나로 하여금) 그를 삼키도록 했다"입니다. 충동한 것은 사탄이지만 욥을 "삼킨" 것은 하나님 자신이라는 뜻입니다. 여기서 중요한 것은 욥이 당한 고난에 대해 하나님이 "나는 몰랐다, 나는 책임이 없다"라는 태도를 보이지 않는다는 것입니다. 사탄이 하나님 모르게 자의적으로 욥에게 고난을 준 것이 아닙니다. "이제 주의 손을 펴서 그의 모든 소유물을 치소서"(1:11)와 "이제 주의 손을 펴서 그의 뼈와 살을 치소서"(2:5)라는 표현처럼, 욥의 고난의 최종 결정과 실행과 책임은 하나님에게 있음을 욥기는 분명히 하고 있습니다.

그의 아내가 그에게 이르되 당신이 그래도 자기의 온전함을 굳게 지키느냐 하나님을 욕하고 죽으라 그가 이르되 그대의 말이 한 어리석은 여자의 말 같도다(2:9-10a).

2장 9절에서 욥의 아내가 "당신이 그래도 자기의 온전함을 굳게 지키느냐"고 물었을 때 그 표현은 2장 3절의 하나님의 표현("그가 여전히 자기의 온전함을 굳게 지켰느니라")을 그대로 따온 것입니다. 욥기에 나오는 등장인물들 중 마치 천상회의를 엿들은 듯한 유일한 인물이 바로 욥의 아내입니다. 자녀들을 다 잃었는데도 '자기 의'가 욥에게 더 중요했다는 식의 부정적인 해석은 문맥에 맞지 않습니다. 욥은 이런 고난 중에서 '온전함'을 지킨, 즉 지혜의 영역에 속해 있는 인물이라는 것을 하나님과 욥의 아내가 보증하고 있습니다. 반면에, 욥의 아내는 "어리석은 여자", 즉 무지와 우매함의 영역에 속해 있습니다(2:10). 욥기는 "까닭 없는" 고난 속에서 어떠한 신앙적 태도를 취하는 것이 하나님이 원하시는 지혜인가를 설명하는 지혜서입니다.

* * *

두 번째 고난에 대한 욥의 대답도 첫 번째 대답과 동일합니다: "우리가 하나님께 복을 받았은즉 화도 받지 아니하겠느냐"(2:10). 이 대답은 1장 21절의 "주신 이도 여호와시요 거두신 이도 여호와시오니"라는 표현과 동의적 평행을 이룹니다. 모든 것은 하나님께로 말미암는다는 신의 절대주권을 강조하면서, 복이나 화를 받는 이유는 오직 하나님의 뜻에 달려 있을 뿐, 어떤 원인이나 패턴이 존재하지 않는다는 신앙고백입니다. 욥기의 저자는 이번에도 "이 모든 일에 욥이 입술로 범죄하지 아니하니라"(2:10)는 말로 "온전하고 정직하여 하나님을 경외하며 악에서 떠난" 욥의 캐릭터가 두 번의 고난에도 흔들리지 않았다고 결론 내립니다. 1장의 욥과 2장의 욥에게 무엇인가 변화가 일어났다는 해석은 적절하지 않습니다. 1장과 2장은 크게 보아 '평행구조'로 되어 있고, 같은 의미를 조금 다르게 표현했을 뿐입니다.

잠언의 신학과 욥기 1-2장

앞서 정리한 잠언의 신학을 욥기의 처음 두 장과 비교해 보겠습니다. 하나님의 절대주권에 대한 잠언의 이해는 하나님이 정하신 패턴이 있다는 것입니다. 그리고 그 패턴의 가장 중심에는 인과응보, 권선징악의 원리가 흐르고 있습니다. 선한 것을 뿌리면 선한 것이 나오고, 악한 것을 심으면 그 열매는 악할 수밖에 없습니다. 이 원리가 하나님의 선하심(절대선)을 나타냅니다. 하나님의 규범을 잘 알고 따르는 지혜로운 사람(의인, 온전한 사람)에게는 하나님의 복이 임하며, 그 규범을 모르거나 알면서도 따르지 않으려는 무지한 사람(악인, 죄인)에게는 그에 합당한 하늘의 벌이 내리게 됩니다. 이 심은 대로 거두는 원리가 흔들리지 않아야 하나님을 경외하고 그의 규범을 따르는 당위성이 형성됩니다. 만약 좋은 것을 심었는데 그 결과가 어떻게 나올지 알 수 없다면 좋은 것을 심어야 할 이유가 없어집니다.

욥기 1-2장의 사탄은 정확히 이 권선징악의 원리를 겨냥합니다. 만약 좋은 씨앗을 뿌려도 그 열매가 나쁘다면 그 누가 좋은 씨앗을 심으려 하겠느냐고 말입니다. 보상이 약속되지 않으면 신앙도 없다는 주장입니다. 믿음은 곧 투자라는 것입니다. 욥의 신앙은 바로 이 사탄의 신학을 거부합니다. 주시는 분이 거두시기도 하며, 좋은 것을 줄 수도 나쁜 것을 줄 수도 있다고 말입니다. 하나님의 주권에는 이유가 없습니다("까닭 없이"). 마찬가지로 그 하나님을 경외하는 신앙에도 이유가 있을 수 없다는 것이 욥기의 반성적 지혜가 주는 가르침입니다. 인간의 행동이 신의 운행 원리를 결정하지 않습니다.

욥기 1-2장은 지혜자(의인)에게는 보상이, 우매자(악인)에게는 징벌이 가해지는 원리를 파괴합니다. 욥이라는 지혜자(의인)와 징벌을 연결시킴으로써 규범적 지혜가 정의하는 하나님의 절대선 개념에 의문을 제기합니다. 이를 위해 욥기 1-2장은 욥이 지혜자(의인)라는 사실을 여러 번 강조하고 있으며, 두 번에 걸친 끔찍한 비극에도 여전히 지혜자(의인)로 남아 있었다는 것을 독자들에게 주지시킵니다.

욥기 1-2장의 신학은 규범적 지혜가 규정하는 하나님의 절대주권을 보다 더 확장합니다. 패턴을 만드신 창조주가 그 패턴 안에 갇혀 있지 않다는 것입니다. 인과응보의 패턴으로 하나님이 움직이신다는 신의 절대선 개념을 거부하는 방식으로 하나님의 주권을 더 강고히 합니다. 이를 위해 욥기는 규범적 지혜의 패턴이 적용되지 않는 천상의 공간을 신학적 사유의 영역으로 끌어옵니다. 잠언이 "이 땅"의 이야기, 특히 인간의 삶의 영역에 한정되어 있을 뿐이라는 규범적 지혜의 한계를 폭로하며, 인과응보의 원리가 작동하지 않는 곳도 존재함을 독자들에게 보여줍니다.

제3장
욥과 세 친구의 논쟁(욥 3-31장)

욥기 3장 이후를 읽을 때 주의할 점

주의할 점(1): 욥의 고난의 이유를 찾으려고 하지 마라

이제 욥기는 욥과 그의 세 친구들의 대화로 넘어갑니다. 중요한 것은 이들은 천상회의를 모른다는 사실입니다. 욥기는 1-2장에서 욥이 왜 고난을 당하는가라는 질문에 분명한 답을 이미 했습니다. 욥기의 독자들은 이것을 분명히 알고 있습니다. 다만 욥과 친구들만 모르고 있을 뿐입니다. 이 말은, 즉 앞으로 욥과 친구들의 논쟁을 읽게 될 독자인 우리는 누구 말이 옳고 누구 말이 틀렸는지 이미 알고 있다는 것입니다. 하지만 욥기를 읽는 독자들은 이 사실을 자주 잊어버리는 듯합니다. 욥의 고난의 원인을 친구들과의 논쟁이나 38장 이하 하나님의 말씀에서 자꾸 찾으려 하고 있습니다. 3장 이후에서 욥의 고난의 원인을 찾으려는 시도는 실패할 수밖에 없습니다. 질문 자체가 잘못되었기 때문입니다. 욥기는 욥이 왜 고난을 받는지 이유를 다시 설명할 필요가 없습니다. 1장과 2장에서 그 이유를 더할 나위 없이 자세히 설명했기 때문입니다. 독자들이 혹시 오해할까 봐 여러 번 같은 말을 반복하면서까지 말입니다.

천상회의를 모르는 친구들과 엘리후는 욥이 무엇을 잘못했는지를 욥에게 가르치고 설득하는 것을 목표로 하고 있으나, '욥기 전체'는 욥을 설득하는 것을 목표로 하지 않습니다. 1-2장에서 이미 설명한 사실을 욥에게 다시 알려주는 것이 욥기 전체의 목적이 아닙니다. 만약 그것이 목적이라면 하나님의 입으로 천상회의 사건을 다시 한 번 언급하기만 하면 됩니다. 하지만 욥기는 그렇게 하지 않습니다. 욥기를 잘못 읽는 두 가지는, 첫째, 욥이 당하는 고난의 원인을 3장 이하에서 찾으려는 시도와, 둘째, 욥이 고난을 통해 무엇을 깨달았는가 하는 것에 초점을 맞추는 읽기입니다. 둘 다 욥기 자체의 관심사가 아닙니다.

주의할 점(2): '태도'가 아니라 '내용'을 살펴라

욥기가 욥의 회개, 혹은 욥의 깨달음에 관한 이야기가 아니라면 대체 무슨 이야기를 하는가? 이 대답을 얻기 위해서는 우선 좋은 질문을 던지는 훈련이 필요합니다. 1-2장에 나타난 욥과 3장 이하의 욥의 '캐릭터'는 과연 같은가 혹은 다른가? 이 질문에 답할 때 중요한 것은 욥의 '말투'나 '태도'에 현혹되지 말고 욥이 하는 말의 '내용'에 집중해야 한다는 것입니다. 많이들 1-2장의 '겸손한 욥'이 3장 이하에서 '교만한 욥'으로 변했다고 생각합니다. '순종하는 욥'과 '도전하

는 욥'이라는 관점도 겸손과 교만이라는 틀을 그대로 유지한 채 단어
만 살짝 바꾼 것에 지나지 않습니다.

이렇게 보는 관점이 잘못인 이유는 '겸손'과 '교만', 혹은 '순종'
과 '도전'이라는 개념을 규범적 지혜의 틀 안에서 정의하고 있다는
것입니다. 잠언적 지혜에서 '겸손'은 하나님의 규범을 알고 그에 따
르는 순종이고, '교만'은 그 패턴을 모르는 무지로 규정됩니다. 즉,
'모르는 것'(무지)은 곧 '교만'이며, '모르는 것을 모른다고 이야기하는
것'은 '도전'입니다. 욥기의 반성적 지혜는 하나님이란 어떤 분이신
가 하는 신의 절대주권과 절대선에 대해서만 새로운 정의를 내리는
것이 아닙니다. 특정한 패턴에 따라 움직이지 않으시는 하나님을 우
리 인간은 어떠한 태도로 대해야 하는가, 콩 심은 곳에 콩이 나지 않
을 수도 있는 세상을 우리는 어떻게 살아가야 하는가라는 신앙인의
태도에 대해서도 재정립을 하고 있습니다. 만약 전통적인 겸손과 교
만의 이분법을 가지고 욥기를 이해하려고 한다면, 욥기의 반성적 지
혜가 새롭게 정의하는 겸손과 교만의 개념이 어떤 것인가를 파악하
지 못하게 됩니다.

* * *

욥기 3장에서 욥의 탄식이 시작됩니다. 한 장 전체에서 욥은 자
신의 탄생을 "저주"(1절)합니다. 길게 늘어진 욥의 말을 간단히 요약
하면 "내가 태어나지 않았으면 좋았을 텐데, 차라리 죽으면 좋을 텐
데"입니다. 자신이 차라리 태어나지 않았으면 이러한 고통을 당하지

않았을 것이라는 욥의 탄식이 과연 하나님에 대한 '도전'이고 '교만'
일까요? 아니면 자신이 당하는 고통의 극심함을 토로하는 것일까
요? 바로 앞장은 "욥의 고통이 심함을 보므로 그에게 한마디도 말하
는 자가 없었더라"(2:13)로 끝맺습니다. 그의 고통이 얼마나 심한 지는
친구들이 욥을 보고 그가 욥인 줄 알기 어려울 정도였다는 표현(2:12)
에서 잘 나타납니다. 바로 뒤를 이어 진행되는 3장의 탄식은 '욥의
고통의 심함'을 더욱 극적으로 묘사하여 독자에게 전달하는 효과가
있습니다. 1-2장을 통해 욥의 고통의 이유를 알고 있는 독자들은 아
무 잘못 없이 고통을 당하는 욥의 심정에 공감할 것입니다. 욥이 고
통스러워 차라리 죽기를 바랐다는 사실은 하나님의 말씀에서 다시
언급된 적이 없습니다. 욥의 친구들 또한 차라리 죽는 게 낫다는 욥
의 토로에 직접적인 반응을 보이지 않습니다. 즉, 욥기의 하나님과
욥의 친구들은 3장의 한탄을 문제적인 발언으로 여기지 않는다는 것
입니다. 뒤에서 언급하겠지만, 3장의 욥의 발언 중에서 문제되는 곳
은 다른 지점입니다.

욥과 세 친구의 논쟁의 전체 구조(3-31장)

그럼 이제 욥과 세 친구들의 논쟁을 살펴보겠습니다. 그 전체적
인 구성은 이렇게 되어 있습니다.

1 라운드	욥(3장) - 엘리바스(4-5장) - 욥(6-7장) - 빌닷(8장) - 욥(9-10장) - 소발(11장)
2 라운드	욥(12-14장) - 엘리바스(15장) - 욥(16-17장) - 빌닷(18장) - 욥(19장) - 소발(20장)
3 라운드	욥(21장) - 엘리바스(22장) - 욥(23-24장) - 빌닷(25장) - 욥(26-31장)

일단 이 전체적인 구성이 나타내는 바는 무엇일까요? 욥과 친구들의 말이 배치된 구조를 보면 우선 친구들보다 욥이 현저히 많은 말을 하고 있다는 점을 알 수 있습니다. 친구들의 발언 기회는 엘리바스와 빌닷이 3회, 소발은 2회지만, 욥은 9회나 됩니다. 욥은 총 20장에 걸쳐 말을 하는 반면, 세 친구들에게 할당된 장을 다 합해도 9장밖에 되지 않습니다. 엘리바스의 첫 발언만 두 장에 걸쳐 길게 말을 할 뿐, 그 이후로 세 친구들은 한번에 한 장 이상 말하지 않습니다. 반면에 욥의 발언은 두 장, 혹은 세 장에 걸쳐 길게 진행되며, 마지막에는 무려 여섯 장이나 연속된 발언을 합니다. 3장의 독백을 따로 떼어내더라도, 욥기 자체가 욥에게 편중되어 있다는 사실에는 변함이 없습니다. 이 대화의 구성은 욥에게 더 힘을 실어주고 있습니다. 욥의 말이 현저히 많다는 것은 욥기가 욥의 발언에 더 비중을 두고 있다는 뜻입니다.

욥기 28장을 소발의 말로 보는 견해도 있습니다. 이럴 경우 세 친구들은 각기 3회씩 발언을 하며 욥은 총 8회 말을 합니다. 세 친구들에게 할당된 장을 다 합하면 총 10장이고, 욥은 19장에 걸쳐 말을 합니다. 이렇더라도 여전히 욥이 월등히 말을 많이 합니다. 하지만 저는 욥기 28장을 소발의 말로 보는 견해에 반대합니다. 규범적 지혜라기보다는 반성적 지혜의 핵심 주제들이 나타나기 때문입니다. 사람은 지혜를 알 수 없고 인간의 영역 속에서는 지혜를 발견할 수 없다는 주제(12-13절), 더 나아가 인간 외의 피조물과 죽음의 세계마저도 지혜를 깨달을 수 없고 오직 하나님만이 지혜를 아신다는 주제(21-23절)

는 잠언의 가르침과 정면으로 대치됩니다. 잠언의 규범적 지혜는 인간이 경험할 수 있는 자연세계 속에서 하나님의 규범과 그의 지혜를 깨달아 알 수 있다고 가르치고 있습니다. 따라서 28장 역시 욥의 말로 여기는 것이 타당합니다.

주의할 점(3): 규범적 지혜와 반성적 지혜 사이의 대결로 읽으라

세 친구들의 말을 해석할 때 다음과 같은 관점은 버리는 것이 좋습니다.[1]

(1) 세 친구 사이에 차이점을 부각하려는 시도

(2) 논쟁이 거듭될수록 생각과 논지에 변화와 발전이 있을 것이라는 기대

엘리바스와 빌닷과 소발을 서로 다른 세 진영을 대표하는 사람들로 이해할 필요는 없습니다. 이들이 말하는 주제는 잠언을 중심으로 한 규범적 지혜에서 흔히 발견되는 주제들이기 때문입니다.

또한 회가 거듭될수록 무엇인가 변화되고 발전할 것이라는 기대 역시 현대 독자의 선입견일 뿐입니다. 대화의 앞부분에 나오지 않은 새로운 내용이 뒤에서 나왔다고 해도, 그 새로움이라는 것은 시야를

---

1.   상당히 많은 욥기 주석서들이 이러한 관점을 취하고 있습니다. 이 두 가지 외에도 주석서들에서 발견되는 바람직하지 않은 관점으로는 다음과 같은 것들이 있습니다: (3) 조직신학적 논의(원죄론, 기독론, 행위와 믿음의 이분법, 율법과 은혜의 이분법 등)를 욥기에 적용하려는 시도, (4) 현대심리학적 정신분석의 틀로써 등장인물의 마음상태를 파악하려는 시도, (5) 욥기에서 반복되어 사용되지 않는 한두 단어를 부각시켜 전체를 이해하려는 시도 등.

욥기에 한정했을 경우에만 새로울 뿐입니다. 성경의 다른 부분과 고대근동의 지혜문헌들로 시야를 확대해보면, 올곧고 삐딱한 지혜의 두 가지 범주에서 흔히 사용되는 주제들을 여기저기 배치해 놓은 것에 불과합니다. 세 친구들이 어떤 차이점을 가지고 있는가, 그들의 생각이 어떻게 발전하고 있는가에 주목하는 것은 오히려 욥기의 핵심을 놓치기 쉽게 만듭니다. 마찬가지로 욥의 발언 역시 어떤 발전과정으로 이해하려는 것은 좋은 시도가 아닙니다.

바람직한 관점은 다음과 같습니다.

(1) 자주 반복되는 표현과 주제가 무엇인지 파악하라.

(2) 전통적인 지혜 진영(규범적 지혜)과 이들의 신학에 반발하는 진영(반성적 지혜) 사이의 대결구도로 이해하라.

(3) 이 두 가지 지혜가 '신의 속성'(하나님은 어떤 분인가)과 '인간의 고난'의 문제에 대해 어떠한 논리와 주장을 펴는지를 큰 틀에서 정리하라.

욥기 3장의 의미: 사후세계에 대한 신학적 사유

거기서는 악한 자가 소요를 그치며 거기서는 피곤한 자가 쉼을 얻으며 거기서는 갇힌 자가 다 함께 평안히 있어 감독자의 호통 소리를 듣지 아니하며 거기서는 작은 자와 큰 자가 함께 있고 종이 상전에게서 놓이느니라(3:17-19).

3장의 욥의 말은 규범적 지혜 진영을 대표하는 욥의 친구들을 자극합니다. 감히 건방지게 죽고 싶다는 '망발'을 했기 때문이 아니고, '죽음'과 '사후세계'를 신학적 사유의 영역으로 끌어 오기 때문입니다. 욥기 1장과 2장이 잠언의 규범적 지혜가 다루지 않는 천상의 공간을 언급한 것처럼, 3장은 마찬가지로 규범적 지혜의 영역 밖에 놓여 있는 죽음 이후의 세계를 언급함으로써 규범적 지혜의 한계를 폭로합니다. 잠언이 이 땅에서 살아가는 이야기를 할 때, 욥기는 천상의 세계와 죽음의 공간을 논의의 단상에 올려놓습니다.

반성적 지혜가 죽음의 세계를 어떻게 묘사하고 있는지가 욥기 3장의 핵심입니다. 잠언의 규범적 지혜는 "그것을 얻는 자에게 생명이 되며 그의 온 육체의 건강이" 됩니다(잠 4:22). 규범적 지혜가 없는 악인에게는 멸망이 기다리고 있습니다(1:32; 6:15; 10:8-15; 10:29; 18:7; 28:24). 지혜와 의는 죽음에서 건지며(10:2, 11:4), "의인은 그의 죽음에도 소망이" 있습니다(14:32). 육체와 생명은 지혜에 속해 있고, 멸망과 죽음은 무지와 악에 속해 있습니다. 하지만 욥이 묘사하는 사후세계는 "임금들"과 "모사들"(욥 3:14), "금을 가지며 은으로 집을 채운 고관들"(15절)이 "낙태되어 땅에 묻힌 아이"나 "빛을 보지 못한 아이들"(16절)과 함께 거하는 곳이며, "악한 자"와 "피곤한 자"(17절), "작은 자와 큰 자", "종"과 "상전"(19절)이 모두 함께 "쉼을 얻는"(17절) 평등한 곳입니다. 반성적 지혜서인 전도서 역시 이 지점에서 궤를 같이 하면서 한 발 더 나아갑니다. 죽음에 있어서는 지혜자와 우매자의 구별이 없는 것뿐 아니라 인간과 짐승의 구별 역시 없습니다(전 3:19-20). 만약 지혜자와 우매자의 결말이 똑같다면 규범적 지혜를 알고 따라야 할 이유가 있을까요? 하나님께 복을 받아 높은 자리에 오르고 주인이 된 자나, 악한 자와 종, 혹은 태어나지도 못하고 죽은 아이가 모두 똑같은 대우를 받는 곳이 사후세계라면 그렇게 열심히 잠언의 지혜를 추구해야 할 당위와 명분이 사라지지 않을까요?

욥의 일성(一聲)이 사후세계를 언급하고 있다는 것 자체가 규범적 지혜에는 분명 커다란 위협이 될 것입니다. 그곳은 공동번역의 표현을 빌리자면, "포로들도 함께 안식을 누릴 수 있고 노예를 부리는 자들의 욕설도 들리지 않는 곳, 낮은 자와 높은 자의 구별이 없고 종들이 주인의 손아귀에서 풀려나는 곳"(욥 3:18-19)입니다. 천상회의가 벌어지는 공간과 마찬가지로 권선징악의 패턴이 존재하지 않는 장소가 욥이 묘사하는 사후세계입니다. 욥의 세 친구들은 바로 이 지점에 발끈합니다.

세 친구의 주장

욥기 4장부터 25장에 이르는 세 친구들의 주장을 간략히 정리하면 다음과 같습니다: (1) 하나님은 모든 것은 관할하신다(절대주권), (2) 하나님은 선하신 분이기 때문에 인과응보의 원리대로 움직이신다(절대선), (3) 인간보다 크신 하나님을 알기는 쉽지 않지만 조상들의 지혜와 경험 등을 통해 사람은 하나님의 지혜를 알 수 있다. 이 세 가지는 기본적으로 잠언의 가르침입니다. 이러한 규범적 지혜의 입장에서는 '무죄한 자의 고난'은 설명이 불가능합니다. 그러므로 세 친구들의 규범적 지혜의 관점에서는 욥의 고난은 자신의 죄(= 무지) 때문일 수밖에 없습니다. 고난과 무죄를 동시에 주장하는 것은 신성을 모독하는 교만입니다. 왜냐하면 무죄한 자에게 고난을 허락하시는 하나님은 선한 분이실 수 없기 때문입니다.

1) 하나님의 절대주권: 하나님이 모든 것을 다 아시고 관할하신다

설명하기 어려운 불의한 현실을 설명하는 손쉬운 해결책 중의 하나는 하나님이 이 모든 세상을 다 관할하지 않는다는 것입니다. 이 세계를 선과 악의 두 세력이 대립하는 공간으로 이해하면서 하나님은 오직 선의 영역만을 주관하신다고 설명하는 방식입니다. 유대 랍비 해롤드 쿠쉬너(Harold S. Kushner)는 자신의 아들 애런이 14살 때 조로증으로 사망하는 아픔을 겪습니다. 그 후 『왜 착한 사람에게 나쁜 일이 일어날까』(When Bad Things Happen to Good People)라는[2] 책에서 자신이 경험한 고통을 욥의 고난에 빗대어 이해하며 쿠쉬너가 제시한 신정론의 해법은 다음과 같습니다. 세상에 벌어지는 모든 불의가 다 하나님 책임인 것은 아닌 듯하다고 말합니다. 비슷하게, 나치에 의한 아우슈비츠의 끔찍한 참사 당시 하나님은 대체 어디 계셨냐는 물음에, 하나님도 가스실에서 함께 고통받고 있었다는 유대 신학의 답변 역시 '하나님의 선하심'을 절대 놓칠 수 없는 가치로 붙들고 있습니다. 600만의 유대인 학살을 "허락하신" 하나님에 대해서는 침묵한 채로 말

2.　Harold S. Kushner, *When Bad Things Happen to Good People* (Anchor Books, 2004).

입니다. 신학적으로 설명하자면 이러한 해결책은 신의 절대주권을 어느 정도 약화시킴으로써 하나님의 절대선을 강조하는 방식입니다.

하지만 성경의 지혜는 결코 하나님의 절대주권을 약화시키는 방식으로 신정론의 문제를 해결하지 않습니다. 규범적 지혜와 반성적 지혜 모두가 하나님의 절대주권, 즉 세상에 벌어지는 모든 일들은 다 하나님이 주관하신다는 믿음을 절대 놓지 않습니다. 욥의 세 친구, 엘리바스와 빌닷과 소발도 마찬가지입니다.

> 엘리바스: 하나님은 헤아릴 수 없이 큰 일을 행하시며 기이한 일을 셀 수 없이 행하시나니 비를 땅에 내리시고 물을 밭에 보내시며 낮은 자를 높이 드시고 애곡하는 자를 일으키사 구원에 이르게 하시느니라(5:9-11).

욥의 세 친구들이 이해하는 하나님은 "하늘보다 높고 스올보다 깊으시며 땅보다 넓고 바다보다 깊으신" 하나님이며(소발, 욥 11:8-9), "주권과 위엄을 가지고 높은 곳에서 평화를 베푸시는" 분(빌닷, 욥 25:2)입니다. 모든 자연의 운행을 관할하시는 분으로서, 이 땅과 그 너머에 벌어지는 모든 것을 주관하시는 분입니다. "그가 비추는 광명을 받지 않은 자가 누구냐"는 빌닷의 말(욥 25:3)은 하나님의 절대주권을 나타내는 말입니다. 주권자로서의 하나님의 역할은 세 친구들의 잠언적 지혜에서 절대 흔들리지 않는 부분입니다. 이들의 말에서는 사탄 등의 악의 세력이 담당하는 영역이 있어서 그들이 바로 세상의 고난과 인간의 고통의 원인이라는 식의 주장이 전혀 나타나지 않습니다. 뒤에서 계속 살펴보겠지만, 하나님이 세상에 벌어지는 모든 것의 주권자라는 사실은 욥이나 엘리후뿐 아니라 하나님의 언설에서도 전혀 약화되지 않습니다.

2) 하나님의 절대선: 하나님은 인과응보/권선징악의 원리로 움직이신다

"헤아릴 수 없이 큰 일"과 "기이한 일"(엘리바스, 욥 5:9)이라는 표현의 의미는 기본적으로 하나님의 운행방식이 인간의 이해를 뛰어넘는다는 말입니다. "네가 하나님의 오묘함을 어찌 능히 측량하며 전능자를 어찌 능히 완전히 알겠느냐"(11:7)는 소발의 말 역시 같은 의미를 가지고 있습니다. 하지만 동시에 세 친구들은 하나님의 운행이 어떤 특정한 방식을 갖는다고 말합니다. 그 방식은 뿌린 대로 거둔다는 인과응보의 원리입니다. 인간의 이해를 뛰어넘지만 하나님이 움직이시는 권선징악의 패턴은 변하지 않는다고 말함으로써 세 친구들은 하나님의 절대주권과 하나님의 절대선 두 가지를 모두 붙들고자 합니다.

> 생각하여 보라 죄 없이 망한 자가 누구인가 정직한 자의 끊어짐이 어디 있는가 내가 보건대 악을 밭 갈고 독을 뿌리는 자는 그대로 거두나니 다 하나님의 입 기운에 멸망하고 그의 콧김에 사라지느니라 (4:7-9).

4장의 엘리바스의 발언을 보면 3장의 욥의 탄식 중 어떤 부분이 문제가 되는지를 알 수 있습니다. 엘리바스는 친구인 욥의 고통이 얼마나 심한지에 동정심을 보이지 않습니다. 차라리 태어나지 않았으면 좋았을 것이라는 욥의 "망언"에도 반응하지 않습니다. 엘리바스가 문제 삼는 것은 모두가 "평등한" 사후세계를 묘사한 욥의 말입니다. 그 발언이 권선징악의 원리를 공격하기 때문입니다. 엘리바스의 발언은 잠언 애호가들에게는 너무도 익숙한 말들입니다. "죄 없이 망한 자가 누구인가"라는 그의 말은 멸망의 원인은 죄에 있다는 규범적 지혜에서는 지극히 당연한 공식입니다(잠 5:22; 13:6; 13:21; 21:8; 21:15; 28:13; 29:6). 7절의 "정직한 자"란 잠언에서 보았듯이 단순히 솔직한 사람이라는 의미가 아니라, 하나님이 바라시는 길을 "똑바로" 가는 사람을 뜻하는데, 그에게는 "끊어짐", 즉 멸망이 있을 수 없다는 주장은 그대로 잠언의 이야기입니다(잠 2:7; 2:21; 10:29; 11:3; 12:6; 13:6; 14:11; 15:19; 16:17). 한 마디로, 엘리바스가 지키고 싶어하는 가치는 "악을 밭 갈고 독을 뿌리는 자는 그대로 거둔다"(8절)는 원리입니다.

5장에서 엘리바스는 규범적 지혜의 가치관을 계속해서 설파합니다. 5장의 주장을 정리하면 다음과 같습니다: (1) 미련하고 어리석은 자(무지)는 멸망한다(2-6절), (2) "징계"로 연단하시는 하나님(9-20절), (3) 하나님께 복을 받은 지혜자의 삶(21-26절). 5장에 나열되어 있는 엘리바스의 말들은 기독교인들에게 참으로 "익숙한" 표현들입니다. 이 말들이 너무 익숙해서 엘리바스의 말을 기준으로 삼아 욥을 비난하거나 훈계하기 쉽습니다. 하지만 잊지 말아야 할 것은 욥기는 1-2장에서 이미 욥의 고난은 욥의 잘못이 아니라는 것을 분명히 하고 있으며, 욥에게 무언가를 깨닫게 하려는 것도 아님을 명확히 한다는 것입니다. 엘리바스가 아무리 그럴싸한 말로 욥을 설득하고 있다고 해도 욥에게는 해당사항이 없다는 것을 욥기의 독자는 알고 있습니다.

> 하나님이 어찌 정의를 굽게 하시겠으며 전능하시는 이가 어찌 공의
> 를 굽게 하시겠는가 네 자녀들이 주께 죄를 지었으므로 주께서 그들
> 을 그 죄에 버려두셨나니(8:3-4).

빌닷의 말도 엘리바스와 동일합니다. 빌닷의 근거도 하나님의
"정의"와 "공의"이고, "뿌린 대로 거둔다"는 원리가 그 정의의 핵심
원리입니다. 그러기에 자녀들의 죽음은 그들의 죄 때문이어야 합니
다. 하지만 욥기 1장은 욥의 자녀들이 어떠한 죄를 지었는지 전혀 설
명하고 있지 않습니다. 그들은 천상회의에서 결정된 바대로 "큰 바
람"에 의해 모두 죽었을 뿐입니다(1:19). 빌닷의 말 역시 사실을 바탕
으로 하지 않습니다. 권선징악의 원리에 따른 자의적인 추론일 따름
입니다.

* * *

엘리바스는 더 나아가 22장에서 욥의 죄를 나열합니다.

> 네 악이 크지 아니하냐 네 죄악이 끝이 없느니라. 까닭 없이 형제를
> 볼모로 잡으며 헐벗은 자의 의복을 벗기며 목마른 자에게 물을 마시
> 게 하지 아니하며 주린 자에게 음식을 주지 아니하였구나 … 너는 과
> 부를 빈손으로 돌려보내며 고아의 팔을 꺾는구나(22:5-7, 9).

만약 욥이 엘리바스가 열거한 잘못을 저질렀다면 그가 당하는 고난은 그 자신의 죄로 말미암은 것일 터이고 규범적 지혜의 원리가 여기서도 작동하고 있다는 것을 입증하게 될 것입니다. 하지만 욥기의 독자는 이것이 온당하지 못한 정죄임을 잘 알고 있습니다. 욥기는 욥이 "온전하고 정직하여 하나님을 경외하고 악에서 떠난 자"라는 사실을 분명히 합니다. 만약 엘리바스의 정죄가 옳다면 엘리바스는 하나님도 모르는 욥의 잘못을 알고 있는 것이 됩니다. 엘리바스 말고는 욥기 어디에서도 욥이 이러한 잘못을 저질렀다고 말하지 않습니다. 결국 엘리바스의 말은 빌닷의 경우와 마찬가지로 권선징악의 원리를 바탕으로 추론해낸 근거 없는 정죄에 불과합니다. 규범적 지혜는 사람을 올바른 "생명의 길"로 인도하려는 것을 목적으로 하고 있습니다(잠 6:23). 하지만 엘리바스는 이 규범적 지혜를 죄 없는 자를 죄인으로 낙인 찍는 데 사용하고 있습니다. 사람을 살리는 지혜가 사람을 죽이고 누군가의 영혼을 파괴하는 데 사용될 수 있다는 것을 욥기는 잘 보여줍니다.

3) 인간은 하나님의 지혜를 알 수 있다

> 내가 보건대 악을 밭 갈고 독을 뿌리는 자는 그대로 거두나니(4:8).

인과응보의 원리를 설파하는 엘리바스의 말에서 놓치지 말아야 할 표현이 8절의 "내가 보건대"(כַּאֲשֶׁר רָאִיתִי)입니다. 현대인의 감각으로는 이러한 표현은 개인적인 경험을 강조하는 말입니다. 하지만 규범적 지혜에서 "내가 보건대"는 전혀 다른 의미를 가집니다. 여기서 엘리바스가 자신의 주관적 체험을 앞세우는 것이 아닙니다. 엘리바스가 얘기하는 뿌린 대로 거둔다는 인과응보 사상이 엘리바스 개인의 경험에 국한되지 않기 때문입니다. 규범적 지혜에서 '경험'이란 지혜를 얻는 아주 중요한 방법입니다. 나이 든 사람이 더 경험이 많고, 경험이 많은 사람이 더 지혜로운 사람입니다. 그래서 잠언에서 늙음과 지혜는 동의어가 됩니다.

> 어떤 말씀이 내게 가만히 이르고 그 가느다란 소리가 내 귀에 들렸었나니 사람이 깊이 잠들 즈음 내가 그 밤에 본 환상으로 말미암아 생각이 번거로울 때에 … 그 때에 영이 내 앞으로 지나매 내 몸에 털이 주뼛하였느니라 그 영이 서 있는데 나는 그 형상을 알아보지는 못하여도 오직 한 형상이 내 눈 앞에 있었느니라 그 때에 내가 조용한 중에 한 목소리를 들으니(4:12-13, 15-16).

12절부터 엘리바스는 환상으로 본 신비체험을 이야기합니다. 형체를 알아볼 수 없는 어떤 영적인 존재를 보고 그의 목소리를 듣습니다. 앞의 '경험'과 마찬가지로, 이 '환상' 같은 소위 직통계시도 전통의 틀 안에서 정당한 위치를 차지하고 있습니다. 나단 선지자가 다윗에게 전한 "계시"(삼하 7:17)나 선지자 요엘이 젊은이가 본다고 한 "이

상"(욥 2:28)이[3] 바로 엘리바스가 말한 "환상"과 같은 히브리어 '힛자
욘'(חִזָּיוֹן)이 쓰인 경우입니다. 욥 자신도 환상을 보았으며(욥 7:14), 엘리
후도 하나님이 환상을 통해 사람에게 말씀하신다고 말합니다(욥
33:15). 정확히 같은 히브리어 단어 '힛자욘'이 쓰이지 않았어도 같은
어근인 '하자'(חָזָה, '보다')가 환상이나 이상으로 번역된 경우까지 포함
하면 그 예는 더 많습니다. 하나님의 말씀이 "환상 중에" 아브람에게
임하였으며(창 15:1), 선지자들에게 환상으로 자신을 계시하신다고 하
나님이 직접 말씀하시기도 합니다(민 12:6). 민수기 24장에서는 "하나
님의 말씀을 듣는 자"와 "전능자의 환상을 보는 자"가 동의어로 사용
됩니다(4, 16절). 이렇듯 엘리바스의 "환상"은 근거 없는 주관적 체험이
아니라 지혜전승 안에서 아주 정당한 계시의 일종입니다. 5장 27절
에서 엘리바스는 "우리가 연구한 바가 이와 같으니 너는 들어 보라
그러면 네가 알리라"고 말합니다. 즉, "내가 보건대"의 경험과 신비
한 "환상"은 "우리가 연구한 바"와 마찬가지로 하나님의 지혜를 인
간이 깨달을 수 있는 방법입니다.

> 청하건대 너는 옛 시대 사람에게 물으며 조상들이 터득한 일을 배울
> 지어다 … 그들이 네게 가르쳐 이르지 아니하겠느냐 그 마음에서 나
> 오는 말을 하지 아니하겠느냐(8:8, 10).

빌닷은 지혜의 근거를 옛 사람, 즉 조상에게 둡니다. 규범적 지혜

---

3. 히브리어 성경의 장절로는 요엘 3장 1절입니다.

의 전형적인 표현입니다. 엘리바스는 개인적인 경험이나 신비체험을 근거로 든 반면에 빌닷은 조상들의 지혜를 근거로 삼았다는 차이점을 강조하는 것은 별로 의미가 없습니다. 왜냐하면 깨달은 지혜의 내용이 똑같이 뿌린 대로 거둔다는 인과응보이기 때문입니다.

> 왕골이 진펄 아닌 데서 크게 자라겠으며 갈대가 물 없는 데서 크게 자라겠느냐 이런 것은 새 순이 돋아 아직 뜯을 때가 되기 전에 다른 풀보다 일찍이 마르느니라 하나님을 잊어버리는 자의 길은 다 이와 같고 저속한 자의 희망은 무너지리니(8:11-13).

정말로 중요한 것은 하나님의 지혜를 깨닫는 방식에 있어서 세 친구들의 차이점이 아니라, 그 방식들로 얻어진 지혜의 '내용'입니다. 경험과 환상을 통해 엘리바스가 주장하는 것이 무엇이며, 조상들의 지혜를 통해 얻은 빌닷의 깨달음이 무엇인가 하는 문제가 핵심입니다. 엘리바스는 하나님과 비교해 인간의 보잘것없음을 강조하면서(4:17-21a), 그 결론으로 "그들은 지혜가 없이 죽느니라"라고 주장합니다. 이후에 자세히 살펴보겠지만, 잠언의 규범적 지혜보다는 욥기와 전도서의 반성적 지혜가 창조주와 피조물 사이의 거리를 강조합니다. 4장 17절의 엘리바스의 발언은 9장 2절의 욥의 말에서 반복되기도 합니다. 하지만 엘리바스는 여기에 '지혜 없음', 즉 무지와 악은 곧 멸망이라는 잠언의 핵심 주제를 가져옴으로써 다시 규범적 지혜로 결론을 맺습니다.

4장 17-20절의 "하나님 앞에 모두가 죄인"이라는 엘리바스의 일

반론은 다음과 같은 질문에 취약합니다:

(1) 그렇다면 왜 엘리바스 자신을 포함한 모두가 욥처럼 고통을 받지 않는가?

(2) 18절에서 엘리바스는 "하나님은 그의 종이라도 그대로 믿지 아니하시며 그의 천사라도 미련하다 하시나니"라고 주장하는데, 천사에도 미치지 못하는 한낱 인간인 엘리바스가 하나님이 이런 분이라는 것을 대체 어떻게 알 수 있는가? 엘리바스 자신은 천사보다 더 지혜로운 존재라는 말인가?

(3) "그들은 지혜가 없이 죽느니라(21절)"고 한다면, 지혜가 있는 사람은 죽지 않는가? 인류 역사상 사망한 모든 사람은 지혜가 없어서 죽은 것인가?

엘리바스는 마치 자신의 주장이 자신에게는 해당사항이 없는 것처럼 말합니다만, 그의 주장은 그 말 그대로 엘리바스 자신에게 되돌려줄 수 있습니다. 하나님이 어떤 특정한 패턴으로 움직인다는 규범적 지혜의 주장에 반성적 지혜는 그것을 인간이 어떻게 알 수 있는가라고 되묻습니다. 지혜와 의인에게는 생명이, 무지와 악인에게는 멸망이 온다는 인과응보 사상에, 반성적 지혜는 인간은 모두 죽는다고 반박합니다.

욥의 주장

3장에서 시작하여 31장에서 막을 내리는 욥의 주장을 정리하면 다음과 같습니다.

(1) 내 고통은 죽을 만큼 괴롭다.

(2) 나는 잘못하지 않았다.

(3) 고통의 원인은 하나님이다: 모든 것은 하나님이 하셨다.

(4) "까닭 없이": 나는 하나님이 왜 내게 고난을 주시는지 모른다. 하나님이 인과응보의 패턴에 따라서만 움직이시는 것은 아니다.

(5) "기이한 일": 인간은 하나님의 운행을 이해할 수 없다. 인간의 지혜는 하나님의 지혜와 다르다.

(6) 현실을 보라: 세상에는 인과응보의 원리로는 설명할 수 없는 수많은 일들이 벌어진다. 관념의 틀 안에 갇혀 있는 눈 먼 신앙을 버려라.

총 20장에 걸쳐 길게 말하는 욥의 말은 이 위의 정리에서 거의 벗어나지 않습니다. 욥의 주장에 어떤 발전이 있다는 생각은 그리 적절하지 않습니다. 왜냐하면 욥의 마지막 발언(26-31장)에서조차 욥은 위의 주장을 반복하고 있기 때문입니다.

1) 욥의 무죄 주장

결코 내 입술이 불의를 말하지 아니하며 내 혀가 거짓을 말하지 아니

하리라 나는 결코 너희를 옳다 하지 아니하겠고 내가 죽기 전에는 나
의 온전함을 버리지 아니할 것이라 내가 내 공의를 굳게 잡고 놓지
아니하리니 내 마음이 나의 생애를 비웃지 아니하리라(27:4-6).

욥은 친구들에 대한 반론을 시작하는 6장의 첫 발언에서부터 "내
가 오히려 위로를 받고 그칠 줄 모르는 고통 가운데서도 기뻐하는 것
은 내가 거룩하신 이의 말씀을 거역하지 아니하였음이라"(욥 6:10)고
자신의 무죄를 주장합니다. 그리고 27장의 마지막 발언에까지 이 주
장은 변하지 않습니다. 이만한 형벌을 받을 만큼 죄를 저지르지 않았
고 "온전함"과 "공의"를 지켰다고 항변합니다. 27장의 "나의 온전함"
과 "내 공의"라는 표현이 현대 독자들에게는 무척 교만하게 들릴 수
있습니다만, 여기서 "공의"(צדקה)라는 표현은 하나님이 원하시는 올
바른 판단과 그에 따른 행동을 의미합니다. 욥이 자신의 온전함과 공
의를 주장하는 것은 곧 그가 하나님의 규범, 즉 잠언적 지혜에서 벗
어나지 않았다는 뜻입니다. 그리고 이 사실은 욥기 1장 1절부터 그리
고 하나님의 두 번에 걸친 발언(1:8; 2:3)에서 이미 확증된 것입니다.

욥이 가난한 자와 고아와 과부를 탄압했다는 엘리바스의 주장(22
장)과는 반대로 욥은 그러한 일을 하지 않았다고 반박합니다. 그는
"부르짖는 빈민과 도와 줄 자 없는 고아"에게 피난처를 제공했으며
(29:12), "맹인의 눈도 되고 다리 저는 사람의 발"도 되어주었으며
(29:15), "빈궁한 자의 아버지"일 뿐 아니라 "모르는 사람의 송사"도 돌
보아 주었습니다(29:16). 욥은 여기서 '행위구원론'을 주장하는 것이
아닙니다. 오히려, 잠언을 비롯한 규범적 지혜가 하나님의 "공의"를

어떻게 이해하고 있는지를 보여주고 있습니다.[4] 6장 10절에서 자신이 거역하지 않았다는 "거룩한 이의 말씀"이 무슨 내용인가를 구체적으로 설명하는 장면입니다. 즉, 욥이 말하고자 하는 바는 '자기 의'를 드러내고자 하는 교만이 아니라, '나는 규범적 지혜가 요청하는 모든 것을 잘 지켰다'는 무죄 주장입니다.

2) "내 고통은 하나님에게서 온 것이다": 신의 절대주권

전능자의 화살이 내게 박히매 나의 영이 그 독을 마셨나니 하나님의 두려움이 나를 엄습하여 치는구나 … 이는 곧 나를 멸하시기를 기뻐하사 하나님이 그의 손을 들어 나를 끊어 버리실 것이라(6:4, 9).

하나님의 절대주권에 대한 욥의 확신은 세 친구들과 마찬가지입니다. 모든 것은 하나님의 주관하에 있다는 말만으로는 규범적 지혜

---

4. 가난한 자를 불쌍히 여기는 것은 여호와께 꾸어 드리는 것이니 그의 선행을 그에게 갚아 주시리라(잠 19:17); 가난한 자를 구제하는 자는 궁핍하지 아니하려니와 못 본 체하는 자에게는 저주가 크리라(잠 28:27); 의인은 가난한 자의 사정을 알아 주나 악인은 알아 줄 지식이 없느니라(잠 29:7). 이러한 잠언의 가치관은 모세오경에 근거하고 있습니다: 너는 과부나 고아를 해롭게 하지 말라(출 22:22); 고아와 과부를 위하여 정의를 행하시며 나그네를 사랑하여 그에게 떡과 옷을 주시나니(신 10:18); 너희 중에 분깃이나 기업이 없는 레위인과 네 성중에 거류하는 객과 및 고아와 과부들이 와서 먹고 배부르게 하라 그리하면 네 하나님 여호와께서 네 손으로 하는 범사에 네게 복을 주시리라(신 14:29); 객이나 고아나 과부의 송사를 억울하게 하는 자는 저주를 받을 것이라 할 것이요 모든 백성은 아멘 할지니라(신 27:19).

신학에 도전이 되지 않습니다. "하나님이 나를 괴롭게 하셨다"는 주장 그 자체는 (친구들의 신학적 관점에서) 신성모독에 해당되지 않습니다. 만약 고통과 고난이 하나님께로부터 온 것이라는 주장 자체가 문제가 있다면, 나오미의 "전능자가 나를 심히 괴롭게 하셨음이니라"(룻 1:20)와 "여호와께서 나를 징벌하셨고 전능자가 나를 괴롭게 하셨거늘"(룻 1:21)이라는 말도 신성에 대한 모독과 교만이 될 것입니다.

욥의 말이 친구들을 불편하게 만드는 지점은 "하나님이 나를 괴롭게 하셨다"는 하나님의 절대주권에 대한 진술이 "나는 잘못한 것이 없다"는 무죄 주장과 연결되는 순간입니다. 하나님이 죄 없는 자에게 고통을 줄 수 있다는 것은 인과응보의 원리 안에서는 설 자리가 없습니다. 규범적 지혜의 절대선 개념에 도전하는 욥의 주장은 친구들의 입장에서는 하나님의 선하심을 모독하는 교만이고 무지이고 죄악입니다. 하나님이 어떻게 온전한 의인에게 고통을 허락하실 수 있는가? 이 세 친구들은 천상회의를 모르기 때문에 이런 반응을 보이는 것이 충분히 이해됩니다. 하지만 욥기 1-2장을 읽은 우리는 하나님이 허락하신 고난과 욥의 무죄 주장이 양립할 수 있다는 것을 잘 알고 있습니다.

3) 하나님의 지혜에 대한 인식 불가능성

측량할 수 없는 큰 일을, 셀 수 없는 기이한 일을 행하시느니라 그가 내 앞으로 지나시나 내가 보지 못하며 그가 내 앞에서 움직이시나 내가 깨닫지 못하느니라 하나님이 빼앗으시면 누가 막을 수 있으며 무엇을 하시나이까 하고 누가 물을 수 있으랴(9:10-12).

친구들뿐 아니라 욥도 천상회의를 알지 못합니다. 하나님의 절대 주권과 자신의 무죄가 양립하기 위해서 욥이 내릴 수 있는 최선의 결론은 "나는 모른다" 입니다. 9장 10절의 "측량할 수 없는 큰 일"과 "기이한 일"은 하나님이 인간이 이해할 수 있는 범위를 넘어서는 분임을 나타내는 아주 중요한 표현입니다. 히브리어 '니플라옷'(נפלאות) 은 한글 성경에 "기사", "이적", 혹은 "기이한 일", "신묘막측" 등으로 번역됩니다.

친구들과 욥 모두 하나님의 절대주권을 주장합니다. 이 둘 사이의 차이점은 하나님이 '권선징악'의 원리에 따라 움직이느냐 아니냐 하는 것에 있습니다. 만약 하나님이 예측 가능한 원리에 따라서만 움직이신다면 그 하나님은 예측 가능한 이해 범위 안에 있는 하나님입니다. 그러나 욥은 그 이상의 "측량할 수 없는" "기이한" 하나님의 운행을 말합니다. 인과응보의 패턴을 창조하신 분 역시 하나님이시겠지만, 그 하나님 자신이 그 원리에 매여 있는 분이 아님을, 즉 하나님은 악한 자에게 좋은 것을 허락하시기도 하고 그 반대로 하실 수도 있는 분이라고 욥은 말합니다.

> 그가 폭풍으로 나를 치시고 까닭 없이 내 상처를 깊게 하시며 … 가령 내가 의로울지라도 내 입이 나를 정죄하리니 가령 내가 온전할지라도 나를 정죄하시리라 … 나는 말하기를 하나님이 온전한 자나 악한 자나 멸망시킨다 하나니(9:17, 20, 22).

'니플라옷', 즉 하나님의 인식불가능성과 예측불가능성은 한 인간이 겪는 고통을 까닭 없는 것으로, 즉 그 원인을 이해할 수 없는 것으로 만듭니다. 하나님은 "까닭 없이"(סנח) 사람에게 고통을 주실 수도 있고, 의인이든 아니든 상관 없이 멸망시킬 수도 있는 분입니다. 흥미롭게도 욥기는 이러한 방식으로 하나님의 절대주권을 강화합니다. 하나님의 절대선 개념을 인과응보의 원리로 설명하는 전통적 지혜의 가치기준에서 보면 신성모독에 해당됩니다만, 욥기는 하나님을 어떤 특정한 방식에 가둬놓는 것이 오히려 하나님의 절대주권을 약화시키는 것이라고 비판하고 있습니다. 하나님의 절대주권과 절대선 사이에서 욥기는 "절대선 = 인과응보"라는 등식을 포기하는 방식으로 하나님의 하나님 되심을 강조합니다. 하나님은 모든 것의 주권자이시므로 어떤 것이든 자신의 뜻대로 하실 수 있는 분입니다. 그리고 하나님을 이런 분으로 인정하는 것이 하나님 앞에서 겸손한 인간의 태도입니다. 인과응보라는 상자 안에 하나님을 가두는 것이야말로 하나님의 주권을 제한하는 것이며 하나님을 모독하는 교만입니다.

4) 현실을 보아라: '눈 가리고 아웅하는 신앙'에서 벗어나라

어찌하여 악인이 생존하고 장수하며 세력이 강하냐 그들의 후손이 앞에서 그들과 함께 굳게 서고 자손이 그들의 목전에서 그러하구나 그들의 집이 평안하여 두려움이 없고 하나님의 매가 그들 위에 임하지 아니하며(21:7-9).

욥은 자신이 직접 당한 고통이 권선징악의 패턴을 따르지 않는 다고 주장하는 것을 넘어서 현실세계에서 그러한 예들을 열거합니 다. 잠언적 지혜를 따르지 않는 악인들이 잘 먹고 잘 사는 것뿐 아니 라 그 후손들까지 대대로 하나님의 징벌을 당하지 않으며, (하나님에 대 한) 두려움 없이 잘 살고 있는 현실을 보라고 항변합니다. 그들은 살 아 생전에 행복하게 잘 살다가 평안히 죽음을 맞이합니다(21:13). 한 가지 중요한 것은, 욥이 이러한 현실을 아무런 비판 없이 받아들이지 는 않는다는 것입니다. 그는 권선징악의 원리가 악인들에게 적용되 기를 원합니다. 그는 악인들의 죄가 쌓여서 하나님이 언젠가는 그 후 손들에게 갚아주시기를 바랍니다(21:19). 하나님의 진노와 멸망이 그 들에게 임하기를 원합니다(21:20).

> 그러나 하나님께서는 높은 자들을 심판하시나니 누가 능히 하나님 께 지식을 가르치겠느냐 어떤 사람은 죽도록 기운이 충실하여 안전 하며 평안하고 … 어떤 사람은 마음에 고통을 품고 죽으므로 행복을 맛보지 못하는도다(21:22-23, 25).

그러나 심판은 전적으로 하나님께 있는 것입니다. 어떤 사람에게 건강과 안녕이라는 복을 내리실지, 또 어떤 사람에게 고통과 불행을 주실지는 오로지 하나님께 달려 있습니다. 인과응보의 원리에 맞지 않다고 해서 하나님의 판단이 잘못 되었다고 말할 수 없습니다. 지금 당장은 권선징악이 적용되지 않는 것처럼 보여도 언젠가는 반드시 그렇게 될 것이라는 주장은 "헛된 위로"요 "거짓"일 뿐입니다(21:34).

현실은 그렇지 않으니까요.

욥기는 현실을 똑바로 보라고 가르칩니다. 자신의 종교적 관념에 맞는 것만을 보려고 하고 그에 맞지 않는 현실에는 귀 막고 눈 감는 "신앙인"들의 태도를 비판합니다. 자신이 믿는 "하나님의 선하심"이라는 관념을 지키기 위해 현실을 왜곡하지 말라고 외칩니다. 하나님이 창조하신 세상은 단 하나의 원리로 설명할 수 있을 만큼 그렇게 단순하지 않기 때문입니다.

친구들과 욥의 주장 비교

욥의 주장과 친구들의 주장을 정리하겠습니다.

(1) 친구들의 규범적 지혜의 틀 안에서는 욥의 고난과 욥의 무죄 주장은 양립할 수 없습니다. 고난은 죄의 결과일 수밖에 없습니다. 그래야 하나님이 선하신 분이 됩니다. 무죄한 자에게 고난이 임한다면 하나님의 절대선 개념이 무너지게 됩니다. 그러므로 욥의 주장은 친구들에게 있어 하나님을 모독하는 것이 됩니다. 하지만 욥은 권선징악의 원리를 배제한 채, 자신의 무죄에도 불구하고 하나님이 고난을 주셨다고 합니다. 이것은 하나님의 절대선보다 절대주권을 더욱 강조하는 것입니다. 복을 주시거나 고난을 주시거나, 모두 하나님이 하신 것이며 하나님이 왜 그렇게 하시는가는 인간이 이해할 수 없는 부분입니다. 이 주장은 결국 욥기 1-2장의 "주신 이도 여호와시요 거두신 이도 여호와", "하나님께 복을 받았은즉 화도 받지 아니하겠느

냐"는 고백과 정확히 일치합니다.

(2) 욥의 주장은 규범적 지혜의 "경외"와 "겸손"을 재해석합니다. 규범적 지혜는 하나님이 패턴을 만드셨기 때문에 그 패턴을 잘 알고자 하는 것이 하나님에 대한 경외이자 하나님 앞에서의 겸손이라고 말하는 반면, 욥의 반성적 지혜는 인간이 하나님의 패턴을 알 수 없고, 하나님이 반드시 패턴대로 움직이시는 분이 아니기 때문에 하나님은 두려운 분이라고 말하고 있습니다. 이 세상의 패턴을 창조하신 분은 하나님이지만, 하나님 자신은 그 패턴의 한계 안에 갇혀 계신 분이 아니라는 것입니다. 인간이 하나님 앞에서 겸손할 수밖에 없는 이유는 하나님을 온전히 알 수 없기 때문입니다. 잠언이 하나님을 아는 것이 경외이자 겸손이라고 말할 때, 욥기는 하나님을 모르기 때문에 그분을 두려워하고 그분 앞에 겸손할 수밖에 없다고 가르칩니다. 규범적 지혜의 '겸손'은 반성적 지혜에서는 '교만'이 됩니다. 잠언의 지혜는 하나님을 아는 지식에서 출발하지만, 욥기의 지혜는 하나님을 알 수 없다는 무지의 자각에서 출발합니다.

(3) 어떤 특정한 하나의 원리로 하나님을 설명할 수 없다는 반성적 지혜는 현실에 대한 '날 것 그대로'의 인식에서 시작됩니다. 욥의 친구들은 권선징악이라는 원리에 갇혀서 타인과 세상을 인식하고 있습니다. 욥이 의인이라면 지금 당장은 아니어도 언젠가는 하나님의 위로와 회복이 있을 것이라는 위로도, 욥과 그 자녀들이 죄를 저지른 것이 분명하다는 확신에 찬 정죄도 모두 종교관념적 허상에서 나온 현실 왜곡일 뿐입니다. 세상을 똑바로 보지 못하게 하는 눈 먼 믿음은 허구적 환상일 뿐 신앙이 아니라는 것이 욥의 지혜입니다.

제4장
엘리후(욥 32-37장)

흥미로운 인물이 한 명 등장합니다. (1) 그 이름의 뜻이 "그는 (나의) 하나님이다"라는 점과,[1] (2) 그의 발언이 끝나고 바로 연이어 하나님이 등장한다는 점, 그리고 (3) 42장에서 하나님이 엘리바스와 빌닷과 소발의 말이 틀렸다고 말씀하시지만 엘리후의 발언에는 아무 언급이 없다는 점, (4) 무엇보다, 그의 발언(특히, 36-37장)이 38장 이하의 하나님의 말씀과 유사하다는 점 때문에 엘리후라는 사람을 하나님의 대리자로, 그의 발언을 하나님 말씀의 서언 정도로 여기기도 합니다.

저는 이러한 견해에 동의하지 않습니다. 그 이유는 우선 욥기가 엘리후를 어떤 신적인 존재로 묘사하고 있지 않기 때문입니다. 엘리

---

1. "엘리후(El-i-hu')"라는 이름의 요소 중 "이(i)"를 1인칭 소유격 어미("나의")로 볼 수도 있고, 번역에 반영되지 않는 연결사(linking vowel) 또는 격어미(old case-ending)로 볼 수도 있습니다.

후 스스로 인정하듯 그도 흙으로 지음 받은 한낱 인간일 뿐입니다 (33:6). 한 인간의 말이 설사 하나님의 말씀과 비슷하다 할지라도 그 말을 인간이 하느냐 하나님이 하느냐에 따라 말의 의미는 완전히 달라집니다. 게다가 엘리후의 발언이 하나님의 말씀과 유사한 점이 있지만 동시에 차이점도 분명히 존재합니다. 이 차이점에 집중해서 엘리후의 발언을 평가하겠습니다.

엘리후: 규범적 지혜와 반성적 지혜의 중간자

1) 양비론자(兩非論者)

> 람 종족 부스 사람 바라겔의 아들 엘리후가 화를 내니 그가 욥에게 화를 냄은 욥이 하나님보다 자기가 의롭다 함이요 또 세 친구에게 화를 냄은 그들이 능히 대답하지 못하면서도 욥을 정죄함이라(32:2-3).

엘리후가 등장하는 이유를 설명하는 방식이 흥미롭습니다. 그는 논쟁을 하는 양측 모두에게 화가 났는데, 그 이유는 첫째, '욥이 하나님보다 자기가 의롭다'고 했기 때문이고, 둘째, 욥의 세 친구들이 욥의 말에 제대로 답하지 못하면서 욥을 정죄하고 있기 때문입니다. 즉, 엘리후는 양비론을 전개하고 있습니다. 양측 모두 틀렸다는 엘리후의 말은 3장부터 31장까지 오래 지속된 양측의 논의를 어느 정도 정리하는 역할을 하고 있습니다. 물론 엘리후 개인의 시각에서 바라

본 양측에 대한 평가가 욥기 자체의 평가가 될 수는 없겠습니다.

엘리후가 보기에, 세 친구들의 말은 욥을 '정죄'하는 것이었습니다. 욥을 위로하려는 선한 의도에서 시작했다 하더라도 그들의 말의 내용은 욥이 잘못했다고 지적하고 있을 뿐입니다. 그런데 엘리후가 보기에 그들은 욥을 설득하기에 충분하지 못했습니다. 셋이 합세해서도 욥에게 제대로 대답을 못하고 있습니다. 결국 세 친구의 언설은 "실패한 정죄"라는 것이 엘리후의 평가입니다.

욥의 잘못은 그가 '하나님보다 자기가 의롭다'고 했기 때문이라고 엘리후는 지적합니다. 우선 이 평가는 31장까지의 발언 중에 욥이 자신의 죄를 인정했다는 식의 해석이 옳지 않다는 것을 보여줍니다. 욥이 끝까지 자신의 무죄를 주장하고 있음을 엘리후도 인정합니다. 문제는 욥이 과연 "하나님보다 자기가 의롭다"라고 말한 적이 있느냐는 것입니다. 욥이 한 모든 발언을 샅샅이 뒤져보아도 욥 스스로가 자신이 하나님보다 의롭다고 말한 적은 없습니다. 욥은 자신의 죄 없음을 항변하며 자신이 의롭다고 말한 적은 있으며(6:29; 13:18; 27:5), 자신의 의로움의 여부가 하나님의 심판과는 무관한 듯 하다고 말합니다(9:15; 9:20; 10:15). 그는 오히려 "인생이 어찌 하나님 앞에 의로우랴"(9:2)고 말하기도 했으며, 자신의 의를 하나님이 직접 저울에 달아 평가하시기를 원했습니다(31:6). 욥기 본문 어디에서도 욥이 하나님이 자신보다 "덜 의롭다"고 말하지 않았습니다. 그렇다면 왜 엘리후는 욥의 말을 이렇게 '해석'했는가 하는 문제가 남습니다.

2) '나이 어린' 지혜자—'반성적 지혜'

엘리후라는 사람을 나타내는 특징으로 명시된 것은 그의 "나이"입니다.

> 엘리후는 그들의 나이가 자기보다 여러 해 위이므로 욥에게 말하기를 참고 있다가(32:4).

전통적 지혜에서 나이 많음은 곧 지혜입니다. 그리고 나이가 어린 것은 아직 지혜에 다다르지 못한 상태를 나타냅니다. 그러나 욥기의 엘리후는 나이가 어림에도 불구하고 욥과 세 친구 양측 모두 틀렸다고 비판하는 '지혜'를 가지고 있습니다.

> 그러나 사람의 속에는 영이 있고 전능자의 숨결이 사람에게 깨달음을 주시나니 어른이라고 지혜롭거나 노인이라고 정의를 깨닫는 것이 아니니라(32:8-9).

이 구절은 엘리후의 중간자적 입장을 아주 잘 드러내고 있습니다. 나이는 경험이고 경험은 곧 지혜라는 전통적인 잠언적 지혜를 비판한다는 점에서 반성적 지혜와 궤를 같이 하고 있습니다. 동시에, "하나님의 영/전능자의 숨결"을 통해 하나님의 뜻을 인간이 알 수 있다는 규범적 지혜를 주장함으로써 하나님의 예측불가능성을 말하는 반성적 지혜를 비판합니다.

3) 인간은 하나님의 뜻을 알 수 있다—'전통적 지혜'

> 사람이 침상에서 졸며 깊이 잠들 때에나 꿈에나 밤에 환상을 볼 때에
> 그가 사람의 귀를 여시고 경고로써 두렵게 하시니 이는 사람에게 그
> 의 행실을 버리게 하려 하심이며 사람의 교만을 막으려 하심이라
> (33:15-17).

꿈과 환상 등 전통적 지혜에서 하나님의 뜻을 아는 방식을 엘리
후 역시 그대로 언급하고 있습니다. 그리고 하나님의 뜻을 아는 지혜
의 목적이 하나님을 두려워하여 하나님 앞에 겸손하게 하며 하나님
이 원하시는 바른 행실을 하도록 함이라는 점에서 엘리후는 정확히
잠언의 지혜를 말하고 있습니다.

4) 인간의 보잘것없음과 하나님의 초월성—'반성적 지혜'

> 나와 그대가 하나님 앞에서 동일하니 나도 흙으로 지으심을 입었은
> 즉 … 이 말에 그대가 의롭지 못하니 하나님은 사람보다 크심이니라
> (33:6, 12).

"나와 그대가 하나님 앞에서 동일하니"라는 33장 6절의 개역 번
역은 마치 엘리후가 욥에게 인간의 보잘것없음을 알려줌으로써 '건
방진 욥'에게 겸손을 가르쳐주는 듯이 표현되어 있습니다. 하지만 히
브리어 원문을 직역하면 "보라, 나도 하나님께 대하여는 당신이 말

한 대로이다(יפכ, 직역하면, "당신의 입처럼"). 나 역시도 진흙으로 지어졌다"가 됩니다. 즉, 인간이 한낱 진흙이라는 사실을 욥이 잘 알고 있고, 엘리후도 욥의 의견에 동의하고 있는 그림입니다. 여기서 개역성경이 "흙"으로 번역한 히브리어 '호메르'(חמר)는 "재"나 "티끌" 등으로 많이 번역되는 '아파르'(עפר)와 더불어 인간 존재의 하찮음을 표현하는 단어입니다.

엘리후의 발언과 후에 이어지는 하나님의 말씀을 통해 하나님 앞에 인간이 얼마나 작은 존재인가를 욥이 깨닫게 되었다는 식의 해석에 동의할 수 없는 이유가 여기 있습니다. 하나님 앞에서 인간이 한낱 진흙 알갱이에 불과하다는 사실은 그 누구보다 욥이 가장 잘 알고 있습니다. 욥기에서 엘리후 이전에 이 단어를 가장 많이 언급한 사람은 욥입니다(10:9; 13:12; 27:16; 30:19). 이 외에는 엘리바스만이 4장 19절에서 딱 한번 언급합니다. '아파르'라는 단어 역시 욥의 입에서 가장 많이 언급됩니다(7:5; 7:21; 10:9; 14:8; 14:19; 16:15; 17:16; 19:25; 21:26; 27:16; 28:2; 30:6; 30:19). 엘리바스는 3회(4:19; 5:6; 22:24), 빌닷(8:19)과 소발(20:11)은 각 1회씩 언급합니다.

전통적 지혜보다 반성적 지혜에서 하나님과 인간의 거리가 멀어집니다. 먼지 티끌 같은 인간이 그보다 훨씬 크신 하나님의 뜻을 어찌 알 수 있겠습니까. 그리하여 반성적 지혜에서 하나님의 행하심은 인간에게는 이해 불가한 것('니플라옷')이며 까닭을 알 수 없는 것('힌남')이 됩니다. 하지만 엘리후는 인간과 하나님의 차이를 강조하는 반성적 지혜와, 하나님의 뜻을 인간이 알 수 있다는 전통적 지혜를 동시에 주장하고 있습니다.

5) 하나님의 절대주권 강조 - "반성적 지혜"

그는 왕에게라도 무용지물이라 하시며 지도자들에게라도 악하다 하
시며 고관을 외모로 대하지 아니하시며 가난한 자들 앞에서 부자의
낯을 세워주지 아니하시나니 이는 그들이 다 그의 손으로 지으신 바
가 됨이라(34:18-19).

현대인들에게 왕이나 지도자, 고관이나 부자 등의 단어는 부정적
인 의미를 가지기에 충분합니다. 하지만 전통적인 지혜에서 지위가
높거나 재산이 많은 것은 기본적으로 하나님의 축복을 받은 것으로
간주됩니다. 하나님이 이러한 자들을 특별히 대우하지 않는다는 엘
리후의 발언은 하나님의 절대주권을 강조하는 것으로 반성적 지혜
의 영역에 속해 있습니다. 부자나 가난한 자나 모두 하나님 앞에서는
한낱 피조물일 따름입니다. 왕과 하인, 부자와 가난한 자가 하나님
앞에서 차이가 없다는 것은 3장의 욥의 탄식에서 잘 나타납니다.

6) "권선징악"의 원리로 설명되는 하나님의 절대선 - "전통적 지혜"

그러므로 너희 총명한 자들아 내 말을 들으라 하나님은 악을 행하지
아니하시며 전능자는 결코 불의를 행하지 아니하시고 사람의 행위
를 따라 갚으사 각각 그의 행위대로 받게 하시나니(34:10-11).

하나님의 절대주권을 강조하는 점에서는 욥과 엘리후가 동일합

니다. 하지만 둘의 차이점은 바로 인과응보 개념의 유지 여부에 있습니다. 욥은 하나님이 인과응보의 원리대로 움직이시는 분이 아니라는 것을 말함으로써 하나님의 절대주권을 강조하고 있으나, 엘리후는 '뿌린 대로 거둔다'는 원리를 포기하지 않습니다. 이러한 점에서 그는 욥의 세 친구들과 의견을 같이 합니다.

여기서 우리는 엘리후가 왜 '하나님보다 자기가 더 의롭다'고 욥의 말을 이해했는지 그 이유를 파악할 수 있습니다. 욥의 무죄 주장은 인과응보의 원리와 상충됩니다. 하나님의 '의'는 그분의 뜻을 따르는 자들에게 합당한 보상이 주어지고 그렇지 않은 자에게 합당한 벌을 내릴 때 유지됩니다. 만약 하나님의 '징벌'을 받는 자가 자신의 의를 주장한다면 결국 하나님이 의롭지 못한 분이 되어버립니다. '무죄한 자의 고난'(innocent suffering)이라는 현실은 인과응보의 원리로 이해되는 하나님의 절대선 개념을 공격하고, 그것은 규범적 지혜론자들의 관점에서는 하나님이 의롭지 않다는 신성모독이 됩니다. '뿌린 대로 거둔다'는 개념을 세 친구들과 공유하는 엘리후에게 있어서 욥의 무죄 주장은 곧 '하나님보다 자신이 더 의롭다'는 뜻으로 귀결될 수밖에 없습니다.

욥기가 묘사하는 엘리후

1) "양쪽 모두를 주장하는 양비론자"

양비론은 서로 상반된 주장을 하는 양쪽 모두 틀렸다는 것입니다. 욥기는 엘리후가 등장하게 된 원인을 욥과 세 친구 모두 잘못 얘기하고 있기 때문이라고 말하고 있는데(32:2-3), 그렇다면 엘리후의 발언은 양측 모두의 잘못을 지적하는 것이어야 합니다. 하지만 재미있게도 엘리후는 무언가 새로운 이야기를 전혀 하지 않고 양측의 주장을 나란히 늘어놓고 있을 따름입니다. 욥기는 엘리후를 "양쪽 모두를 주장하는 양비론자"라는 아주 우스꽝스러운 모습으로 그려내고 있습니다.

그는 전통적인 지혜의 세계에서 '무지' 혹은 지혜를 깨닫기 이전의 상태로 취급되는 나이 어린 자로서, 하나님의 위대하심에 비해 한낱 진흙에 불과한 인간의 보잘것없음을 주장합니다. 하나님과 인간의 거리를 더 멀게 한다는 점에서 욥과 같은 반성적 지혜의 영역에 속해 있는 주장입니다. 하나님은 하찮은 인간이 도무지 파악할 수 없는 초월적인 분이라는 엘리후의 주장도 하나님의 판단을 인간이 알 수 없다는 욥의 반성적 지혜와 결을 같이 합니다.

하지만 동시에 그는 이러한 '초월적'인 하나님을 인간이 꿈이나 환상으로 이해할 수 있다는 규범적 지혜론을 설파하고 있습니다. 그리고 그가 파악한 하나님의 원리는 '뿌린 대로 거둔다'는 인과응보입니다. 한 마디로, 양측 모두 틀렸다고 시작한 엘리후의 발언은 결국 양측 모두 맞다는 주장으로 귀결됩니다. '파악 가능한 초월자'라는 것은 형용모순입니다. 한낱 티끌인 인간이 이해할 수 있는 하나님이란 더 이상 초월자일 수 없습니다.

2) "초월적인 전능자를 다 파악하고 있는 티끌"

욥기 36-37장의 엘리후의 발언은 특히 38장 이후의 하나님의 발언과 상당히 유사합니다. 번개와 눈, 비와 폭우, 구름과 바람 등 인간의 이해 영역 바깥의 자연현상을 묘사하는 장면에서 특히 그러합니다. 대기의 운행을 과학적으로 분석할 수 있게 된 현대에서도 기상청의 예측은 사람들의 불만의 표적이 될 정도로 정확도가 떨어지는데, 욥기가 기록된 고대인들 입장에서 자연현상의 운행 원리야말로 인간이 도무지 파악할 수 없는 신의 영역에 속해 있는 부분이었을 것입니다.

그래서 혹자는 엘리후와 하나님의 발언을 동일선상에 놓고 욥기를 이해하기도 합니다. 그러나 엘리후의 발언이 배치된 방식을 살펴보면 욥기가 엘리후를 어떠한 모습으로 그려내는지 파악할 수 있습니다.

> 하나님은 높으시니 우리가 그를 알 수 없고 그의 햇수를 헤아릴 수 없느니라 그가 물방울을 가늘게 하시며 빗방울이 증발하여 안개가 되게 하시도다 그것이 구름에서 내려 많은 사람에게 쏟아지느니라 (36:26-28).

36-37장에서 엘리후의 발언은 동일한 패턴을 반복하고 있습니다: (1) 하나님의 초월성과 인간의 이해 불가능성 + (2) 자연현상의 운행 원리. 풀어 말하면, "인간은 하나님을 알 수 없다"와 "하나님은 이렇게 운행하신다"를 연이어 배치하고 있습니다. 인간이 높으신 하

나님을 파악할 수 없다면 어떻게 비가 내리는지 알고 있는 엘리후 자신은 인간이 아니라는 말인가요? 이어지는 29절에서 그는 "겹겹이 쌓인 구름과 그의 장막의 우렛소리를 누가 능히 깨달으랴"고 말해놓고 바로 그 다음에 하나님이 어떻게 번갯불을 사용하시는지를 설명하고 있습니다(36:30-33). 37장 5절에서 "하나님은 놀라운 음성을 내시며 우리가 헤아릴 수 없는 큰 일을 행하시느니라"고 언급한 뒤, 6절부터 길게 눈과 비와 구름과 번개의 운행에 대한 강의를 시작합니다. "헤아릴 수 없는 큰 일"을 엘리후 자신은 헤아리고 있습니다.

> 욥이여 이것을 듣고 가만히 서서 하나님의 오묘한 일을 깨달으라 하나님이 이런 것들에게 명령하셔서 그 구름의 번개로 번쩍거리게 하시는 것을 그대가 아느냐 그대는 겹겹이 쌓인 구름과 완전한 지식의 경이로움을 아느냐 땅이 고요할 때에 남풍으로 말미암아 그대의 의복이 따뜻한 까닭을 그대가 아느냐(37:14-17).

엘리후의 발언이 얼마나 모순적인가를 가장 잘 드러내는 표현은 "하나님의 오묘한 일을 깨달으라"는 14절입니다. "오묘한 일", 즉 히브리어로 '니플라옷'은 인간의 이해를 초월한다는 말입니다. 그런데 그것을 깨달으라고 하는 엘리후의 주문은 인간이 할 수 없는 것을 하라는 요구입니다. 엘리후 자신은 그 불가능한 것을 해낸 사람이 됩니다. 인간의 이해 영역을 뛰어넘는 신묘막측한 하나님의 운행을 다 알고 있는 엘리후 자신은 대체 무엇일까요? 그가 스스로 말하기를 그 자신 역시 흙으로 지음 받은 한날 인간일 뿐입니다(33:6). 그런데 일개 티끌이 하나님의 초월성을 파악하고 있다고요? 인간이 이해할 수 없는 것을 이해하고 있다는 엘리후의 말은 자기모순이거나, 혹은 스스로를 초월적인 존재라고 주장하는 심각한 교만입니다. 욥기가 묘사하고 있는 엘리후는 그저 '하나님 놀이'(playing God)를 하고 있을 뿐입니다.

하지만 초월자의 '경이로움'을 알고 있다고 주장하는 엘리후 역시도 욥기 1-2장의 천상회의를 모르고 있는 것은 마찬가지입니다. 만약 그가 하나님과 사탄의 대화를 알고 있었다면 욥에게 지금과 똑같이 이야기했을까요? 오히려 천상회의를 모르는 세 친구들에게 하늘에서 벌어진 일을 말해주었을 것입니다. 1-2장을 이미 읽은 욥기의 독자들에게 엘리후의 모습은 아무것도 모르면서 잘난 척하는 치기 어린 젊은이에 불과합니다. 하나님 흉내 내는 엘리후의 장광설은 천상회의를 기억하는 독자들의 실소를 자아낼 뿐입니다.

하나님의 발언은 '왜 욥이 고난을 받고 있는가'에 대한
충분한 대답이 되는가?

드디어 이 모든 논쟁과 말 잔치를 한 방에 끝내실 수 있는 분이
등장합니다. '왜 욥이 고난을 받고 있는가'에 대해 아주 명료히 설명
하실 수 있는 분입니다. 욥이 무엇을 잘못해서 그렇다고 분명히 말씀
하시든지, 아니면 천상에서 벌어진 사탄과의 대화를 살짝이라도 언
급해 주기만 하면 욥도 친구들도 엘리후도 납득할 것입니다. 그러나
안타깝게도 38-41장에 걸친 적지 않은 분량의 언설에서 하나님은 그
어느 것도 명확히 대답하지 않는 듯 보입니다. 하늘과 땅과 별, 비와
이슬방울과 구름, 심지어 까마귀와 타조와 독수리에 대한 하나님의
일장연설은 욥이 당하는 고난의 이유를 설명하실 것이라고 잔뜩 기
대한 독자들을 실망시키기에 충분합니다.

38장 이하의 하나님의 발언이 '왜 욥이 고난을 받고 있는가'에 대한 충분한 대답이 되지 못한다면, 그것은 하나님의 잘못인가요, 아니면 독자의 기대가 잘못된 것인가요? 다른 식으로 질문을 하자면, 하나님은 욥이 당하는 고난의 이유를 독자들에게 설명할 필요가 있을까요? 아닙니다. 그럴 필요가 전혀 없습니다. 욥기를 읽는 독자는 욥이 왜 고난을 당하는지 그 이유를 이미 잘 알고 있기 때문입니다. 천상회의를 알고 있는 우리에게 욥기는 그 장면을 다시 한번 상기시켜줄 필요가 없습니다. 욥기는 등장인물들의 궁금증을 해소하는 것을 목적으로 삼지 않습니다. 그렇다면 하나님의 긴 연설은 대체 무엇인가요?

무지한 말로 생각을 어둡게 하는 자가 누구냐 너는 대장부처럼 허리를 묶고 내가 네게 묻는 것을 대답할지니라 내가 땅의 기초를 놓을 때에 네가 어디 있었느냐 네가 깨달아 알았거든 말할지니라(38:2-4).

폭풍 속에서 등장한 하나님은 "욥에게"(38:1) 말씀하십니다. 일견 이 말씀은 무지한 욥을 꾸짖고 그가 몰랐던 '새로운 깨달음'을 주시는 것 같습니다. 하지만, 천지창조의 순간에 "네가 어디 있었느냐"는 질문은 욥이 당하는 고난의 이유를 납득시킬 만큼 충분한 설명이 되지는 못합니다. 그리고 이 질문은 욥에게만 해당되는 것도 아닙니다. 천지창조의 순간을 직접 목격하지 못한 것은 엘리바스, 빌닷, 소발, 그리고 엘리후도 마찬가지입니다. 이들뿐 아니라 어느 인간도 "깊은 물 밑"을 걸어 다녀 본 적이 없습니다(38:16). 하나님은 "욥에게" 말씀하시지만, 그 말씀의 내용은 욥에게 한정되지 않고 욥기에 등장하는 모든 인물과 욥기를 읽는 독자인 우리 모두를 포함하고 있습니다.

이제부터 하나님의 언설이 과연 무엇을 말하고 있는가를 살펴보겠습니다. 다시 한번 말씀드리지만, 여기서 중요한 것은 마치 '욥을 윽박지르는 듯한' 하나님의 말투나 태도에 현혹되지 않고 그 말씀의 '내용'이 무엇인가에 집중하는 것입니다.

1) 하나님의 언설(1)—"모든 것은 내가 했다": 신의 절대주권

> 누가 그것의 도량법을 정하였는지, 누가 그 줄을 그것의 위에 띄웠는지 네가 아느냐 … 바다가 그 모태에서 터져 나올 때에 문으로 그것을 가둔 자가 누구냐(38:5, 8).

이 질문들은 대답하기 어려운 질문들이 전혀 아닙니다. 정답은 누구나 알듯이 "하나님"입니다. 누구나 정답을 아는 질문은 더 이상 질문이 아닙니다. 이 수사의문문을 통해 하나님이 말씀하고자 하는 것은 "모든 것은 내가 했다"입니다. 땅의 "주추"와 "모퉁잇돌"을 세운 것도 하나님이고(38:6), 바다의 한계를 정하신 분도 하나님입니다(38:8-11). 들나귀를 풀어 자유롭게 하신 것도 하나님이고(39:5) 베헤못(40:15)과 리워야단(41:1)을 만드신 분도 하나님입니다. 욥이 이 질문의 정답을 몰라서 하나님이 가르쳐주시는 장면이 아닙니다.

여기서 중요한 것은 "하나님이 관할하지 않으시는 영역"이란 존재하지 않는다는 것입니다. 현대 신학이 신정론의 문제를 다룰 때 흔히 그러하듯 하나님이 다스리지 않거나 혹은 하나님과 대립하는 "악"의 존재를 욥기는 상정하지 않습니다. 욥기의 하나님은 1-2장에서 등장한 사탄의 존재를 언급하거나 그에게 책임을 돌리지 않습니다. 하나님은 절대주권을 극대화하면서 인간의 영역을 벗어난 지점까지 모두 자신의 관할하에 있음을 분명히 하고 있습니다.

2) 하나님의 언설(2)—"너는 아느냐": 인간의 한계성

누가 사람 없는 땅에, 사람 없는 광야에 비를 내리며 황무하고 황폐한 토지를 흡족하게 하여 연한 풀이 돋아나게 하였느냐(38:26-27).

하나님의 말씀 중 가장 많은 부분은 "사람 없는" 영역에 대한 언급입니다. 시간적으로는 인간이 창조되기 이전의 사건들이 묘사되고 있습니다. 공간적으로는 별들의 세계(38:31-33)나 바다 깊은 곳(38:16), 그리고 죽음 너머의 세계(38:17) 등 (당시의) 인간이 가 본 적이 없는 곳들이 나열되고 있습니다. 사자(38:39)와 까마귀(38:41), 산 염소와 암사슴(39:1-4), 들나귀(39:5-8)와 들소(39:9-12), 타조(39:13-18), 말(39:19-25), 매와 독수리(39:26-30) 등은 신비한 자연의 세계에 대한 지식을 가르쳐주고자 하는 목적이 아니라 인간 세계의 한계를 지적하고자 함입니다.

들나귀는 성읍에서 지껄이는 소리를 비웃나니 나귀 치는 사람이 지르는 소리는 그것에게 들리지 아니하며 … 들소가 어찌 기꺼이 너를 위하여 일하겠으며 네 외양간에 머물겠느냐 네가 능히 줄로 매어 들소가 이랑을 갈게 하겠느냐 그것이 어찌 골짜기에서 너를 따라 써레를 끌겠느냐(39:7, 9-10).

"성읍"과 "나귀 치는 사람", "외양간"과 "이랑"은 인간의 영역을 상징하는 표현이며, 반면에 "들나귀"와 "들소"는 인간 세계 바깥의 영역을 나타냅니다. "성읍에서 지껄이는" 사람들의 소리는 야생동물에게 다다르지 않으며 단지 비웃음을 살 뿐입니다. 이 모든 것을 창조하신 하나님의 위대함을 표현하는 동시에 인간이 경험하고 이해할 수 있는 세계가 얼마나 제한적인 것인가를 야생동물의 예로 설명하고 있습니다.

그것(베헤못)은 하나님이 만드신 것 중에 으뜸이라(40:19a).

세상에는 그것(리워야단)과 비할 것이 없으니 그것은 두려움이 없는 것으로 지음 받았구나 그것은 모든 높은 자를 내려다보며 모든 교만한 자들에게 군림하는 왕이니라(41:33-34).

베헤못과 리워야단이 대체 무엇이고 어떻게 생겼는지는 별로 중요하지 않습니다. 정말 중요한 것은 욥기의 하나님은 사람이 만물의 영장이라고 말하지 않는다는 것입니다. 인간보다 더 뛰어난 하나님의 창조물이 존재합니다. 아무리 높은 지위에 있는 사람일지라도 하나님의 창조세계에서 가장 윗자리를 차지하는 것은 아닙니다. 베헤못과 리워야단은 인간이 그리 대단한 피조물이 아니라는 것을 알려주는 역할을 하고 있습니다.

계속 반복되는 "네가 아느냐", "누가 했느냐" 등의 표현은 단지 욥에게만 해당되지 않습니다. 이러한 표현들은 욥뿐 아니라 모든 인간들의 경험의 한계, 인식의 한계, 그리고 존재의 한계를 나타내고 있습니다. 시간적으로도 공간적으로도 인간의 이해가 미치는 범위는 그리 넓지 않습니다.

3) 하나님의 언설(3)―인과응보(절대선) 개념에 대한 '침묵'

41장 전체를 리워야단에 대한 설명으로 채운 하나님의 언설은 여기서 일단락됩니다. 하나님이 창조하신 세상에는 인간이 경험할 수 없고 이해할 수 없는 수많은 영역들이 존재한다는 것, 그리고 인간보다 뛰어난 피조물이 있다는 사실을 길게 설명하고 있습니다. 이 하나님의 언설을 제대로 이해하려면 말씀하신 것을 넘어 "말씀하지 않은 것"에 대해서도 살펴보아야 합니다.

하나님의 언설 속에는 권선징악이라는 개념에 해당될 만한 발언이 전혀 나타나지 않습니다. 흥미롭게도 하나님은 '뿌린 대로 거둔다'는 말씀을 통해 자신을 '선한 존재'로 포장하지 않습니다. 욥과 친구들 사이에서 가장 문제가 되는 인과응보 사상에 대해 하나님이 침묵하고 계시다는 사실이 하나님의 언설을 이해하는 가장 중요한 핵심입니다.

하나님의 발언 비교

욥과 친구들, 엘리후의 발언과 하나님의 말씀을 간략히 비교하자면 크게 세 가지 요소가 문제가 됩니다.

(1) 신의 절대주권: '모든 것은 내가 창조했다'

(2) 신의 절대선(인과응보): '뿌린 대로 거둔다'

(3) 인간의 한계성('니플라옷'): 인간의 지혜로는 하나님을 온전히 이해할 수 없다

욥의 세 친구들은 (1)과 (2)를 강조합니다. 그들 역시 하나님을 다 이해할 수 없다는 (3)의 말을 어느 정도 하고 있음에도 하나님의 뜻을 이해하는 것이 (경험과 환상 등을 통해) 가능하다고 주장합니다. 특히 인과응보의 원리대로 하나님이 움직이시기 때문에 신의 운행은 인간의 예측이 가능한 영역에 속하게 됩니다. 만약 하나님의 운행이 인식 불가능하고 예측 불가능하다면 어느 누구도 규범적 지혜를 가질 수 없을 것입니다. 콩을 심으면 콩이 나올 것을 아는 것이 규범적 지혜니까요.

엘리후는 앞에서 살펴본 대로 상호모순임에도 불구하고 (1), (2), (3) 모두를 주장하고 있습니다. 반면에 하나님은 (1)과 (3)을 말씀하시면서 (2)에 대해서는 전혀 언급하지 않으십니다. 일견 비슷해 보이는 엘리후와 하나님의 발언의 차이점이 바로 여기에 있습니다. 인과응보의 원리에 하나님을 가두는 것은 하나님의 절대주권을 약화시

키는 것입니다. 동시에 하나님의 창조세계를 어느 하나의 원리로 설명하고자 하는 것은 하나님의 신비('니플라옷')를 퇴색시키는 것입니다. 즉, (2)는 (1)과 (3) 모두와 충돌합니다. 욥기의 하나님처럼 (1)과 (3)을 극단으로 몰고 가면, (2)에 대해서는 침묵할 수밖에 없게 됩니다.

그런데 욥기의 독자는 하나님처럼 (1)과 (3)을 주장해온 한 사람을 알고 있습니다. 바로 욥입니다. 욥은 친구들과 논쟁을 시작하기 이전부터 줄곧 정확히 이 이야기를 해왔습니다: "하나님은 절대주권자이기 때문에 그가 마음대로 주기도 하고 거두기도 한다"; "하나님이 무언가를 주고 거둘 때 인간이 파악할 수 있는 어떤 고정된 원리에 따라 움직이지 않으시므로, 나는 왜 내게 고난이 임했는지 이유를 모른다." 하나님의 발언은 욥의 주장과 근본적으로 일치합니다. 40장 5절의 "내가 한 번 말하였사온즉 다시는 더 대답하지 아니하겠나이다"라는 욥의 말은 하나님의 "꾸짖음" 앞에 "겸손하게 된" 욥의 태도를 나타낸다고 해석할 수도 있지만, 하나님의 질문에 욥이 이미 정확히 대답했음을 표현하는 말로 이해될 수도 있습니다. 욥을 윽박지르고 꾸짖는 듯한 "말투"에 현혹되지 않는다면, 욥의 주장과 하나님의 말씀이 동일하다는 사실이 보이게 됩니다.

제6장
욥은 과연 회개했는가(욥 42장)

이제 욥기의 마지막 퍼즐을 풀 때가 되었습니다. 만약 욥의 주장이 하나님의 말씀과 일치한다면 욥이 회개할 필요가 없게 됩니다. 마찬가지로 욥이 "새롭게 얻은 깨달음"도 필요 없어집니다. "욥은 과연 회개했는가"는 욥기 해석의 핵심(crux of interpretation)입니다. 여기서 주의할 것은, 욥의 회개 여부가 욥기 '자체의 핵심'이 아니라, 그동안 욥기를 이해해 온 '해석사에 있어서의 핵심'이라는 것입니다. 그동안 욥기의 해석자들은 욥이라는 한 사람의 '회개', 혹은 '깨달음'에 초점을 맞춰 왔습니다. 이 점이 지금까지 욥기를 잘못 이해해 온 근본적인 이유라고 저는 생각합니다.

욥기 자체는 '의로운 자의 고난'이라는 소재를 가지고 하나님은 어떤 분이신가, 그분에 대한 인간의 올바른 이해와 태도는 무엇인가라는 문제를 다루고 있습니다. 이 문제는 한 개인의 문제가 결코 아닙니다. 하지만 그동안 욥기의 해석이 욥이라는 개인에게 초점을 맞취 해석해 왔기 때문에 '욥이 과연 회개했는가'라는 문제를 살펴보는 것은 아주 중요합니다. 이를 위해 아이들을 위한 동화 성경을 예로 들겠습니다. 한 가지 흥미로운 사실은 아이들을 위한 성경들이 어른들이 보는 성경을 '요약'한 것이 전혀 아니라는 것입니다. 오히려 성경에 나오지 않는 표현들이 아주 많이 등장합니다. 어린이 성경은 성경 자체보다는 그동안 성경이 어떻게 '해석'되어 왔는지를 적나라하게 드러내 줍니다.

> 욥은 하나님의 계속되는 질문에 눈물을 흘리며 반성하였어요. "주, 주님. 이 벌레만도 못한 자가 어찌 그 답을 알겠습니까? 어리석은 제가 감히 하나님 앞에서 잘못이 없고 의로운 자라고 말하는 교만[을 범했음]을 용서하여 주십시오." 하나님께서는 욥의 죄를 용서하여 주셨어요. 그 이후로 욥은 이전보다 더욱 겸손한 사람이 되었어요. 하나님은 사탄의 여러 가지 시험 속에서도 하나님을 찬양하며 잘 견디어 준 욥에게 숫송아지 7마리와 숫양 7마리, 그리고 많은 종을 선물로 주셨어요.[1]

이 성경 동화는 욥기를 이해해온 전통적인 해석을 그대로 반영합니다. 교만한 욥이 하나님의 꾸짖음 앞에 회개하여 겸손해졌고, 하나님의 용서를 받아 회복되었다는 스토리입니다. 하지만 실제 성경과 꼼꼼히 비교해 보면 거의 대부분 욥기에 없는 표현들이라는 것을

---

1.   부키의 성경동화, "고통받는 욥": https://youtu.be/lxAxV5wDens.

알게 됩니다. (1) 욥이 눈물을 흘렸다는 말이 없으며, (2) "벌레만도 못한 자"라는 표현이 없고, (3) "어찌 그 대답을 알겠습니까"라고 말한 적이 없으며, (4) 자신이 교만했다고 말하지 않았고, (5) 자신의 죄를 용서해 달라고 한 적이 없습니다. 또한 (6) 하나님이 욥의 죄를 용서해 주셨다는 표현도 성경에 나와 있지 않고, (7) 욥이 이전보다 더욱 겸손한 사람이 되었다는 말도 없습니다. 즉, 마치 욥기 42장을 "요약"한 듯 보이는 이 성경 동화는 거의 대부분 성경에 없는 말들로 채워져 있습니다. 지난 이천 년 동안 인류가 욥기를 이해해온 '주류적 해석'이 성경을 근거로 하지 않은 해석이라는 아이러니를 이 아이들 성경 동화가 여실히 폭로합니다.

욥기를 해석함에 있어서 이 동화가 더욱 문제가 되는 것은, "사탄의 시험 속에서 하나님을 찬양하며 잘 견디어 준"이라는 욥에 대한 이해가 '교만한 욥'이나 '회개를 통해 겸손해진 욥'과 전혀 양립할 수 없는 것이라는 점입니다. 욥이 회개했다는 것은 욥이 무언가 잘못한 것이고, 욥이 당한 고통의 원인은 자기 스스로 제공한 것이라는 뜻입니다. '죄에 대한 회개'가 아니라 '무지에서의 깨달음'이라는 해석 역시 마찬가지입니다. 욥이 무엇인가를 몰랐거나 잘못 알고 있었기 때문에 이 모든 고난이 시작되었다는 것입니다. 그런데 '하나님을 찬양하며 잘 견디어 준 욥'이라는 표현은 아무 잘못이 없는 상태에서 사탄의 부당한 시험을 욥이 당한 것이며, 그 고난에도 불구하고 욥은 하나님을 (원망하지 않고) 찬양했다는 뜻입니다. 이 두 가지 해석은 서로 상충하기 때문에 나란히 놓을 수 없습니다.

만약 욥이 회개했다면, 그는 대체 무엇을 잘못했는가?

"욥이 과연 회개했는가"라는 질문에 대한 대답은 한글 성경들을 보면 아주 명쾌히 나와 있습니다. 회개했습니다. 왜냐하면 욥기 42장 6절에 그렇게 쓰여 있기 때문입니다. 우리말로 된 어떤 성경을 보아도 42장 6절은 "회개"로 번역되어 있습니다.

- 그러므로 내가 스스로 거두어들이고 티끌과 재 가운데서 **회개하나이다**(개역개정).
- 그러므로 저는 제 주장을 거두어들이고, 티끌과 잿더미 위에 앉아서 **회개합니다**(새번역).
- 그리하여 제 말이 잘못되었음을 깨닫고 티끌과 잿더미에 앉아 **뉘우칩니다**(공동번역).
- 그래서 내가 스스로 한탄하며 티끌과 재를 뒤집어 쓰고 **회개합니다** (우리말성경).

그러나 이 간단한 대답을 쉽게 하지 못하는 이유는, "욥이 만약 회개했다면 그는 대체 무엇을 잘못했는가"라는 또다른 문제에 답해야 하기 때문입니다. 욥의 "회개"에 뒤이어 하나님은 욥의 친구들이 하나님 자신에 대해 욥처럼 옳게 말하지 못했다고 질책합니다. 친구들이 틀렸다는 것을 두 번이나 반복하시기까지 합니다.

내가 너와 네 두 친구에게 노하나니 이는 너희가 나를 가리켜 말한

것이 내 종 욥의 말 같이 옳지 못함이니라 … 너희가 우매한 만큼 너

희에게 갚지 아니하리라 이는 너희가 나를 가리켜 말한 것이 내 종

욥의 말 같이 옳지 못함이라(42:7b, 8b).

　하나님이 등장하신 이후에 욥의 세 친구들은 아무 말도 하지 않

았으므로 하나님이 여기서 틀렸다고 지적하는 "너희가 나를 가리켜

말한 것"은 욥과의 대화 속에서 나온 말을 가리킵니다. 그렇다면 "내

종 욥의 말" 역시 42장 2절에서 6절까지의 "회개의 말"만을 가리키

는 것이 아니라 친구들과의 대화를 포함한 욥의 모든 말들로 보는 것

이 타당합니다. 하나님은 욥과 세 친구들 중 철저히 욥의 편을 들고

있습니다. 욥을 "나의 종"이라고 지칭하면서 하나님에 대한 욥의 말

이 옳다는 것을 두 번이나 확인시켜 줍니다. 그리고 세 친구들이 "우

매"하다고 분명히 말씀하십니다. 지혜 장르에서 이 "우매"라는 단어

가 갖는 의미는 결코 가볍지 않습니다. 세 친구들은 하나님에 의해

직접 "지혜 없는 자"라는 낙인을 받은 것입니다. 이 글에서 길게 논

증했던 것처럼 욥이 주장한 것은 38장 이하의 하나님의 말씀과 근본

적으로 일치합니다. 그리고 욥의 말이 옳았음을 하나님이 보증하고

계십니다. 그렇다면 욥이 대체 무엇을 회개해야 합니까?

"회개"인가 "위로"인가?:
42장 2-6절의 히브리어 원문 해석

1) 42장 2절(ידעת כי כל תוכל ולא יבצר ממך מזמה)

- 주께서 못 하실 일이 없사오며 무슨 계획이든지 못 이루실 것이 없는 줄 아오니(개역개정).
- 주님께서는 못하시는 일이 없으시다는 것을, 이제 저는 알았습니다. 주님의 계획은 어김없이 이루어진다는 것도, 저는 깨달았습니다(새번역).

위의 두 번역을 비교해 보면 사뭇 다르다는 것을 알 수 있습니다. 개역개정은 나름 히브리어 원문을 직역하려고 한 반면, 새번역은 원문에 없는 표현을 덧붙입니다. 상반절의 "이제"라는 부사와 하반절의 "깨달았습니다"라는 말을 첨가함으로써 새번역의 번역자는 욥이 그동안 몰랐던 것을 하나님의 등장 이후 새롭게 알게 된 것처럼 해석합니다.

그러나 42장 2절은 하나님의 절대주권을 표현하는 것으로서, 말 그대로 하나님은 자신이 원하는 것이면 무엇이든 하실 수 있는 분이라는 뜻입니다. 즉, 인과응보 같은 어떤 특정한 방식에 한정되어 계신 분이 아니라는 것입니다. 이것은 결코 욥이 새롭게 깨달은 것이 아닙니다. 욥은 욥기 1장 21절의 첫 발언("주신 이도 여호와시요 거두신 이도 여호와시오니")부터 모든 것이 하나님의 주권 하에 있다는 것을 인정하고 있습니다. 그리고 욥기의 독자인 우리는 하나님이 권선징악의 패턴에서 벗어나 의인에게도 고난을 허락하는 경우도 있다는 것을 잘 알고 있습니다.

히브리어 원문을 직역하면 다음과 같습니다: "당신이 모든 것을 할 수 있다는 것을 저는 알고 있습니다. 그 어떤 계획도 당신에게서 막을 수 없습니다." 욥이 이미 알고 있는 사실이고 친구들에게 여러 번 강조해서 말했던 부분입니다. 욥이 몰랐던 사실을 깨달은 것이 아닙니다.

2) 42장 3절a(מי זה מעלים עצה בלי דעת)

- 무지한 말로 이치를 가리는 자가 누구니이까(개역개정).
- 잘 알지도 못하면서, 감히 주님의 뜻을 흐려 놓으려 한 자가 바로 저입니다(새번역).
- 부질없는 말로 당신의 뜻을 가린 자, 그것은 바로 저였습니다(공동번역).

이번에도 개역개정은 히브리어 원문을 직역하고자 했지만 새번역과 공동번역은 의역이 심합니다. "누구입니까"라는 의문문으로 되어 있는 원문에 번역자가 "바로 저입니다"라는 대답을 하고 있는 실정입니다. "회개하는 욥"이라는 해석의 틀에 끼워 맞추기 위해 원문에 없는 표현을 삽입하고 있습니다. "무지"(원문, "지식 없이")라는 표현은 지혜 장르에서 핵심적인 단어입니다. 개역이 "이치"로 번역한 단어 '에차'(עצה)를 새번역과 공동번역은 하나님의 뜻으로 해석했는데 적절한 번역입니다. 이 역시 지혜 장르에서 가장 중요한 어휘 중의 하나입니다. 지혜란 결국 하나님의 뜻을 아는 것이니까요. 하나님이 어떠한 틀에 얽매여 움직이지 않으신다는 것을 욥기를 통해 읽어온 독자라면, 제대로 알지도 못하면서 하나님의 뜻을 설명하려고 한 자가 누구인지 쉽게 짐작할 수 있습니다. 천상회의를 모르는 등장인물들 중 유일하게 욥만이 하나님의 운행방식을 설명하려고 시도하지 않습니다. 만약 세 친구들과 엘리후가 욥기 1-2장의 사건을 나중에라도 알게 된다면 그들은 얼굴을 붉히며 자신들이 한 모든 말을 취소하고 싶을 것입니다.

3) 42장 3절b(לכן הגדתי ולא אבין נפלאות ממני ולא אדע)

- 나는 깨닫지도 못한 일을 말하였고

  스스로 알 수도 없고 헤아리기도 어려운 일을 말하였나이다(개역개정).
- 깨닫지도 못하면서, 함부로 말을 하였습니다.

  제가 알기에는, 너무나 신기한 일들이었습니다(새번역).
- 이 머리로는 헤아릴 수 없는 신비한 일들을

  영문도 모르면서 지껄였습니다(공동번역).

원문과 비교해봤을 때 이번 경우는 세 가지 번역 다 문제가 있습니다. 개역의 경우, 문법적인 측면에서 "나는 깨닫지도 못한"이라는 표현과 "스스로 알 수도 없고 헤아리기도 어려운 일"이 "말하다"라는 동사의 목적어가 될 수 있는가 하는 것이 주요 쟁점입니다. 공동 번역도 마찬가지로 "헤아릴 수 없는 신비한 일들"을 "지껄이다"라는 동사의 목적어로 취급하고 있습니다. 새번역의 경우 "함부로"라는 의역을 첨가하면서 마치 욥이 지혜 없이 말했다는 "자백"을 하게 만듭니다. 하지만 히브리어 원문은 "나는 말했다"(הגדתי)와 "나는 모른다"(ולא אבין) 사이는 접속사 '바브'(ו)로 연결되어 있어서, "내가 모르는 것을 나는 말했다"라는 해석은 비문법적입니다. 물론 이 구절은 운문으로 되어 있기 때문에 산문의 문법을 따를 필요는 없습니다. 따라서 욥이 자신이 알지 못하는 것을 말했다는 한글 번역들의 해석이 틀렸다고 단정지을 수는 없습니다. 그러나 만약 이러한 해석이 맞다면 욥이 모르면서 지껄인 말이 대체 무엇인지를 설명해야 합니다. 지금까지 보아온 바대로 욥은 자신이 모르는 것을 모른다고 말해왔을 뿐입니다. 하늘에서 벌어지는 일을 모르는 인간이 할 수 있는 최선의 대답입니다.

보다 근본적인 문제는 이것입니다. '벨로 아빈'(ולא אבין)은 "나는 모른다"는 문장이지, 깨닫지 못한 "것", 혹은 알지 못하는 "일"이 아니라는 점입니다. 설사 "나는 모른다"가 "내가 말했다"의 목적어가 된다고 할지라도, 내가 모르는 "것을" 말했다는 뜻이 아니라, "나는 모른다고 말했다"는 의미가 됩니다.

따라서 원문에 대한 저의 번역은 이렇습니다: "그래서 제가 말했던 것입니다, 저는 이해할 수 없다고. 제 이해를 넘어서는 놀라운 것들을 저는 모릅니다."

＊ ＊ ＊

앞에서도 살펴봤지만 '니플라옷'은 반성적 지혜의 핵심단어로서 인간의 이해를 넘어서는 하나님의 놀라운 기사와 이적을 나타냅니다. 설명이 불가능한 것으로서, 자신의 고난의 이유를 인과응보의 원리로 설명할 수 없다는 욥의 항변에서 계속 사용되어 온 단어이며, 38장 이하에서 하나님이 언급하시는, 시공간적으로 인간의 이해 영역 바깥에 존재하는 것들이 바로 이 '니플라옷'입니다. 욥은 한번도 자신의 고난의 이유를 설명하려 들지 않았습니다. 하나님이 하시는 일은 "측량할 수 없는 큰 일"이고 "셀 수 없는 기이한 일"이라고 말합니다(9:10). 오히려 인과응보의 원리로 욥의 고난을 설명하려고 한 것은 욥의 친구들입니다. "무지한 말로 이치를 가리는 자"가 바로 이들이며, 이것은 42장 8절에서 그들이 "우매"하다는 하나님의 말씀으로 뒷받침됩니다.

3) 42장 4절(שמע נא ואנכי אדבר אשאלך והודיעני)

- 내가 말하겠사오니 주는 들으시고 내가 주께 묻겠사오니 주여 내게 알게 하옵소서(개역개정).
- 주님께서 말씀하셨습니다. "들어라. 내가 말하겠다. 내가 물을 터이니, 내게 대답하여라" 하셨습니다(새번역).
- 당신께서는 말씀하셨습니다. "이제 들어라. 내가 말하겠다. 내가 물을 터이니 알거든 대답하여라"(공동번역).

개역은 이 구절을 욥의 말로 번역했고, 반면에 새번역과 공동번
역은 하나님의 말씀을 욥이 인용한 것으로 해석했습니다. 원문에는
"주님께서/당신께서 말씀하셨습니다"라는 표현은 없는데 새번역과
공동번역의 역자가 첨가한 것입니다. 이 구절을 하나님의 말씀으로
이해하는 이유로 추정되는 것은 첫째, 42장 4절 하반절이 38장 3절
하반절의 하나님 말씀("내가 너에게 묻겠으니, 너는 내게 대답하여라")과 동일하
기 때문입니다. 둘째, "교만에서 회개한 욥"이 하나님께, 자신이 말하
겠으니 당신은 들으시라고 사뭇 건방지게 얘기했을 리가 없다는 판
단입니다.

하지만 우선 4절 전반부의 "들으라, 내가 말하겠다"는 표현이 38
장에서 41장의 하나님 말씀에서 나온 적이 없다는 사실, 그리고 욥이
13장에서 이와 유사한 말을 했다는 사실이 이 구절을 하나님의 말씀
으로 이해한 번역에 대한 반론이 될 수 있습니다. 오히려 지속적으로
하나님께 대답을 요청해 온 이는 바로 욥입니다. 인과응보로 욥의 고
난을 설명하는 세 친구들에게 "참으로 나는 전능자에게 말씀하려 하
며 하나님과 변론하려 하노라"(욥 13:3)고 했으며, "주는 나를 부르소서
내가 대답하리이다 혹 내가 말씀하게 하옵시고 주는 내게 대답하옵
소서"(욥 13:22)라고 하며 하나님과의 직접 대면을 간절히 원했습니다.
욥은 자신의 고난의 원인을 어떠한 논리로 설명하거나 이해하려 하
지 않고 하나님께 직접 듣기를 바라왔고, 드디어 그가 간절히 원했던
대로 하나님이 그에게 나타나셨습니다.

4) 42장 5절(לשמע אזן שמעתיך ועתה עיני ראתך)

- 내가 주께 대하여 귀로 듣기만 하였사오나 이제는 눈으로 주를 뵈옵
  나이다(개역개정).
- 주님이 어떤 분이시라는 것을, 지금까지는 제가 귀로만 들었습니다.
  그러나 이제는 제가 제 눈으로 주님을 뵙니다(새번역).
- 당신께서 어떤 분이시라는 것을 소문으로 겨우 들었었는데, 이제 저
  는 이 눈으로 당신을 뵈었습니다(공동번역).

욥이 '새로운 깨달음'을 얻었다는 주장을 뒷받침하는 증거로 많
이 이용되는 구절입니다. 원문과 비교할 때 특별히 문법적으로 문제
가 되는 구절은 없으며, 위의 세 가지 번역이 거의 비슷한 내용입니
다. 문제는 이 구절을 이해하는 방식에 있습니다. 이 구절이 과연 욥
이 그동안 자신이 알고 있던 하나님에 대한 지식을 포기하는 장면이
냐는 것입니다. "귀로 들은 하나님"이 "직접 만난 하나님"으로 대체
되는, 욥에게 있어 "신 인식의 전환점"으로 이 구절을 보는 관점은,
그러나 이 구절이 담보하지 않는 한 가지 해석을 전제로 하고 있습니
다. 욥이 지금까지 "귀로 들은 하나님"에 대해서 말을 해왔다는 것입
니다. 즉, 친구들과의 변론에서 자신이 말한 하나님에 대한 인식은
남들에게서 들은 것임을 욥이 스스로 인정하고 있다는 것입니다.

하지만 욥이 언제 그런 적이 있었던가요? 선조에게서 배운 지혜
를 강조하는 것은 지극히 "잠언"스러운 규범적 지혜입니다. 빌닷이

"너는 옛 시대 사람에게 물으며 조상들이 터득한 일을 배울지어다"(욥 8:8)라고 말한 것처럼 말입니다. 욥은 오히려 인과응보의 원리가 적용되지 않는 "현실을 보라"고 말함으로써 "귀로 들은 지혜"가 아닌 "직접 경험"을 더 강조합니다. 그리고 하나님에 대해 이러쿵저러쿵 친구들과 변론하고 싶어하지 않고 하나님을 만나서 그와 직접 대화하기를 원해 왔습니다.

지금까지 욥기를 읽어온 독자라면, 하나님에 대해 욥의 귀에 떠들어온 사람들이 누구인지 쉽게 알 수 있을 것입니다. "귀로 들은 하나님"은 욥 자신이 가지고 있던 하나님에 대한 인식을 의미하지 않고, 세 친구와 엘리후가 욥에게 설명한 하나님을 지칭한다고 보는 것이 본문에 바탕을 둔 훨씬 타당한 해석입니다. 그리고 욥이 귀로 들은 하나님에 대한 친구들의 설명이 틀렸다고 욥기는 강조합니다(42:7-8). 하나님이 직접 나타나셔서 설명하신 하나님의 절대주권과 인간의 한계성은 욥 자신의 이해와 일치합니다. 욥이 원래부터 가지고 있던 하나님 이해는 버릴 것이 없습니다.

42장 6절 (על כן אמאס ונחמתי על עפר ואפר) 5)

- 그러므로 내가 스스로 거두어들이고
  티끌과 재 가운데에서 회개하나이다(개역개정).
- 그러므로 저는 제 주장을 거두어들이고,
  티끌과 잿더미 위에 앉아서 회개합니다(새번역).
- 그리하여 제 말이 잘못되었음을 깨닫고

티끌과 잿더미 위에 앉아 뉘우칩니다(공동번역).

이 경우도 세 번역이 상당히 유사해 보이지만, 상반절에서 해석상 문제가 되는 것은 "거두어들이다"의 목적어가 히브리어 원문에 없다는 것입니다. 즉, 개역개정의 "스스로"와 새번역의 "제 주장" 등의 목적어는 번역자의 첨가입니다.

개역과 새번역이 "거두어들이다"로 번역한 히브리어 "마아스"(מאס)는 거부와 경멸과 멸시를 뜻하는 표현입니다.

- 내 규례를 **멸시하며**(레 26:15).
- 너희가 너희 중에 계시는 여호와를 **멸시하고**(민 11:20).
- 그들은 너희가 **싫어하던** 땅을 보려니와(민 14:31).
- 이들이 네가 **업신여기던** 그 백성이 아니냐(삿 9:38).

이 예들 중 어느 경우도 "주장을 철회하다"는 의미로 사용된 적은 없습니다. "멸시하다"라는 능동태로 쓰이는 경우 반드시 목적어가 필요합니다만 42장 6절에서는 목적어 없이 사용됩니다. 이 문제를 해결하기 위해 개역은 칠십인역과 흠정역(KJV) 등을 따라 "스스로"라는 재귀목적어를 첨가합니다.[2] 또 다른 해결책은 이사야 54장 6절과 예레미야 6장 30절에서처럼 이 동사를 수동의 의미인 "니팔"

---

2.   참고로 흠정역은 "myself"라는 목적어를 이탤릭체화하여 원문에 없는 첨가어라는 것을 분명히 하고 있습니다.

로 읽는 것입니다. 그럴 경우 "나는 멸시를 받았습니다"라는 문장이
됩니다.

* * *

이제 "회개"로 번역된 이 구절의 핵심 단어인 히브리어 '나
함'(םחנ)을 살펴보겠습니다. 이 단어는 흥미롭게도 "회개", "한탄", "후
회" 등으로 번역되기도 하고 동시에 "위로"로 번역되기도 합니다. 욥
기에서는 총 일곱 번 사용되는데 42장 6절을 제외하고 모두 "위로"
의 의미로 번역되었습니다.

- 그들이 욥을 위문하고 **위로하려** 하여(2:11)

- 내가 말하기를 내 잠자리가 나를 **위로하고**(7:13)

- 너희는 다 재난을 주는 **위로자들**이로구나(16:2)

- 너희는 나를 헛되이 **위로하려느냐**(21:34)

- 애곡하는 자를 **위로하는** 사람과도 같았느니라(29:25)

- 그를 위하여 슬퍼하며 **위로하고**(42:11)

욥기에서 이 단어는 모두 "위로"로 사용되는데 42장 6절에서만
"회개"로 번역해야 할 이유는 특별히 없어 보입니다.[3] 따라서 이 구

---

3. 히브리어 문법을 좀 더 자세히 설명하면, 42장 6절에서만 '니팔형'으로 쓰였
고 나머지 여섯 번의 경우는 '피엘형'으로 쓰였습니다. 이것을 근거로 어근
'나함'(םחנ)의 니팔형은 "회개"를 뜻하고 피엘형은 "위로"를 뜻한다고 주장하

절 역시 6절 전반부와 마찬가지로 "나는 위로를 받았습니다"로 이해
하는 게 더 적절합니다.[4]

욥기 42장 2-6절의 새로운 번역

지금까지의 논의를 종합하여 42장을 다시 번역하자면 다음과 같
습니다:

> 당신이 모든 것을 할 수 있다는 것을 저는 알고 있습니다.
>> 그 어떤 계획도 당신에게서 막을 수 없습니다(42:2).
> 지식이 없으면서 이치를 가리는 자가 누구입니까?
>> 그래서 저는 이해할 수 없다고 말했던 것입니다.
> 저는 제 이해를 넘어서는 놀라운 일을 모릅니다(42:3).
> 제가 말할 테니 들어주세요. 당신께 묻겠으니 제게 알려주세요(42:4).
> 저는 당신에 대해 귀로 들어왔습니다.
>> 이제 제 눈이 당신을 봅니다(42:5).
> 이렇게 저는 멸시를 받아왔습니다만
>> 먼지와 재 위에서 위로를 얻습니다(42:6).

욥의 최후진술에 새로운 번역은 (1) 특정한 틀에 가둘 수 없는 절

기도 하는데, 이것은 잘못된 설명입니다. 창 24:67과 창 38:12의 경우 니팔형
의 '나함'이 "위로를 얻었다"는 의미로 사용되고 있습니다.

4.   영어 번역 성경 중에서 CEB가 "위로"라는 해석을 따라 번역했습니다:
"Therefore, I relent and find comfort on dust and ashes."

대주권자이신 하나님에 대한 욥의 이해를 반영하고, (2) 크신 하나님을 온전히 이해할 수 없는 인간의 한계성과, (3) 모르는 것을 모른다고 말하는 욥의 겸손을 잘 나타내고 있습니다. 동시에, (4) 하늘의 사건을 모르면서 욥에게 하나님을 설명하려 한 친구들을 비판하고 있으며, (5) 하나님과의 직접 대면을 간절히 바라온 욥의 소원이 이루어짐, (6) 그리고 하나님의 말씀과 욥 자신의 하나님 이해가 일치함에서 욥이 받은 위로를 반영하고 있습니다. 이것은 결국 욥이 처음부터 지금까지 줄곧 해 온 이야기를 종합하는 발언입니다.

　이 번역이 욥기 전체의 주제를 잘 반영하고 있으며, 히브리어 원문에 최대한 자의적인 첨가를 하지 않은 번역이라고 믿지만, 저는 이 번역만이 '유일하게 옳은 번역'이라고 주장하고 싶은 생각은 없습니다. 다만 기존의 번역들은 '죄에서의 회개' 혹은 '무지에서의 깨달음'이라는 틀에 맞추기 위해 히브리어 원문에는 없는 단어들을 첨가하거나 히브리어 어법을 뒤틀어서 번역했다는 점을 드러내고 싶었습니다. 최대한 원문에 가깝게 번역하려고 한 개역성경 역시 "스스로 거두어들이고"(42:6)라는 의역이나 "나는 깨닫지도 못한 일을 말하였고"(42:3) 같이 문법을 거슬러 번역할 수밖에 없는 이유 역시 "욥의 회개"라는 번역자의 선입견이 바탕에 깔려 있기 때문입니다.

42장 6절을 욥의 "회개"로 해석하려면

　욥기 42장 2-6절을 전통적인 해석을 따라 "회개"로 이해하는 것을 고수하려면 다음의 내용들을 입증하거나 설명해야 합니다. 첫 번째 질문에 나름의 대답을 가지고 계신 분은 많을 것입니다. 하지만 나머지 대답도 모두 할 수 있는 분이 과연 있을지 궁금합니다.

(1) 욥이 무엇을 잘못했는지 입증해야 한다. 혹은 그가 새롭게 깨달은 것이 무엇인지를 증명해야 한다. 욥기에 욥의 죄가 무엇인지, 무지에서 벗어난 욥의 새로운 깨달음이 무엇인지 명시되어 있는가?

(2) "온전하고 정직하여 하나님을 경외하며 악에서 떠난 자"라는 욥에 대한 하나님의 평가가 틀렸음을 입증해야 한다. 고통이 깊어지자 욥의 교만한 본색이 드러나거나 욥의 무지가 폭로된 것이라면, 하나님이 알고 계셨던 의롭고 정직한 욥은 1-2장까지의 욥일 뿐, 3장 이후로 욥이 그렇게 변할 줄은 하나님도 모르셨다는 이야기가 된다. 그렇다면 결국 하늘에서 벌어진 내기의 승자는 사탄이다. 과연 이것이 욥기의 결론이라 생각하는가?

(3) 42장 7절과 8절에서 두 번이나 강조한 "너희가 나를 가리켜 말한 것이 내 종 욥의 말 같이 옳지 못함이라"가 무슨 뜻인지 설명해야 한다. "회개를 통한 회복", 혹은 "무지에서의 깨달음"의 구도로 욥을 이해하는 게 옳다면, 왜 하나님은 친구들이 틀렸고 욥이 맞다고 말씀하시는가? 욥이 무언가를 잘못해서 징벌을 받은 것이라면 결국 친구들의 말이 맞다는 뜻인데 왜 하나님은 욥의 친구들에게 화가 났으며(7절), 왜 그들이 "우매"하다고 말씀하시는지(8절)를 설명해야 한다.

(4) 왜 에스겔서와 야고보서는 "회개한 욥"을 언급하지 않는지 설명해야 한다.

이 중 맨 마지막 질문에 대해서 부연하겠습니다. 성경에서 "욥"

이라는 인물이 욥기 밖에서 언급된 경우는 모두 세 번입니다. 에스겔 14장 14절과 20절에서 한 번씩, 그리고 야고보서 5장 11절에서 한 번 언급되었습니다.

> 비록 노아, 다니엘, 욥, 이 세 사람이 거기에 있을지라도 그들은 자기의 공의로 자기의 생명만 건지리라 나 주 여호와의 말이니라 … 비록 노아, 다니엘, 욥이 거기 있을지라도 나의 삶을 두고 맹세하노니 그들도 자녀는 건지지 못하고 자기의 공의로 자기의 생명만 건지리라 주 여호와의 말씀이니라(겔 14:14, 20).

에스겔 14장은 하나님이 우상을 숭배하는 이스라엘 백성들을 책망하시는 장면입니다. 이때 등장하는 노아, 다니엘, 욥은 당시 이스라엘 사람들이 상상할 수 있는 최고의 의인들로 예를 든 것입니다. 노아와 다니엘, 욥과 같은 의인일지라도 가족을 비롯한 타인을 구원할 수는 없다는 뜻입니다. 노아와 다니엘이 "죄를 회개한 자"이거나 "무지에서 깨달음을 얻은 자"가 아닌 것처럼, 에스겔서의 하나님은 욥을 그들에 견줄 만한 최고의 의인으로 평가하고 있습니다.

> 보라 인내하는 자를 우리가 복되다 하나니 너희가 욥의 인내를 들었고(약 5:11).

야고보서는 욥을 '회개의 화신'이 아니라 '인내의 화신'으로 평가합니다. "인내하는 욥"과 "회개하는 욥"은 양립 불가능합니다. 만약 욥이 자신의 죄 혹은 무지로 고통을 당하는 것이라면 그것을 "인내"라고 부를 수는 없습니다. 마땅히 받아야 할 징벌을 받은 것이거나 깨달음을 위한 통과의례일 뿐입니다. 합당한 이유가 없는 고난을 견딜 때 그것을 "인내"라 칭할 수 있습니다. 즉, 구약의 에스겔과 신약의 야고보 둘 다 욥을 "교만이라는 죄를 회개한 사람"이나 "무지에서 벗어나 깨달음을 얻은 자"로 이해하지 않고 있다는 것입니다. 다만 그는 "고난을 인내하는 의인"으로 묘사되고 있습니다. 만약 욥기 42장 6절을 "회개" 혹은 "새로운 깨달음"으로 해석하는 것이 옳다는 입장을 고수한다면, 그것은 곧 에스겔과 야고보가 욥을 잘못 이해했다고 주장하는 것입니다.

제7장
반성적 지혜로서 욥기의 신학적 의미

1) '니플라옷'(נפלאות): 하나님을 박스 안에 가두지 마라

욥기는 잠언의 인과응보 원리 자체를 부정하지는 않습니다. 욥 또한 그 원리에 따라 살아온 사람이니까요. 하지만 욥기는 규범적 지혜의 원리가 작동하는 영역에는 한계가 있다는 사실을 의로운 자의 고난이라는 소재를 통해 극적으로 보여주고 있습니다. 잠언이 "이 땅에서 인간의 삶"을 다룬다면, 욥기는 하늘의 세계와 죽음 너머의 세계로, 그리고 인간의 영향력이 미치지 못하는 야생동물들의 세계로 시야를 확대합니다. 하나님이 다스리는 영역 중 인간이 영위하는 공간은 제한적이라는 사실을 알려줌으로써 잠언의 규범적 지혜의 한계를 폭로합니다. 잠언의 '뿌린 대로 거둔다'는 원리는 대부분의 경우에 적용할 수 있지만 한 치의 오차도 없이 작동하는 기계적인 원리가 아니라는 사실을 지적합니다. 인간 세상이 그 원리대로 움직이도록 창조하시고 다스리시는 분은 하나님이지만, 하나님 자체가 그 원리 안에 갇혀 있는 분은 아니라는 것이 욥기의 신론(神論)입니다. 하나님의 창조세계 안에 인간의 이해가 다다를 수 없는 공간이 아주 많은 것처럼, 하나님이 움직이시는 방식 중에는 인간의 이해를 뛰어넘는 "놀라운, 기묘한, 신묘막측한 기사와 이적"('니플라옷')의 영역이 존재합니다. 그러기에 한낱 진흙 알갱이에 불과한 인간은 하나님이 일하시는 방식을 언제나 예측할 수 있는 것은 아닙니다.

2) "까닭 없이"(חנם): 아무 대가를 바라지 않는 신앙은 가능한가?

욥기 전체를 관통하는 핵심주제어는 "회개"나 "깨달음"이 아니라 바로 "까닭 없이"입니다. 잠언의 가르침을 잘 따르고자 하는 신앙이 그 뒤에 약속된 보상을 바라는 '투자심리'에 불과한 것이 아닌가라는 질문을 욥기는 던지고 있습니다.

하나님이 아무런 대가를 바라지 않고 우리를 사랑하시는 것을 '은혜'라 부릅니다. 하나님의 백성이 수도 없이 하나님과의 언약을 어겨도 자신의 백성을 향한 하나님의 사랑은 변함이 없다는 것이 성경의 증언입니다. 하나님의 사랑은 인간에게 대가를 요구하지 않는 공짜 사랑이자 "까닭 없는" 것입니다.

여기에 욥기는 핵심을 찌르는 질문을 던집니다. "그렇다면 당신도 마찬가지로 아무런 대가를 바라지 않고 하나님을 사랑할 수 있는가?" 하나님이 우리가 바라는 대로 움직이시지 않는다 해도, 하나님에 대한 믿음이 아무런 효용가치가 없다 해도 우리는 "까닭 없이" 하나님을 사랑할 수 있겠는가? 하나님이 우리에게 그렇게 하시는 것처럼 말입니다. "까닭 없는 신앙"은 불가능하다는 것이 사탄의 신학이고, 그것이 가능하다는 것이 욥의 신앙입니다. 주시거나 거두시거나 하나님이 찬양받지 못할 이유는 없습니다. 욥은 욥기의 처음부터 끝까지 신앙인으로서 가질 수 있는 최고의 모습을 우리에게 보여줍니다.

3) '눈 가리고 아웅하는 신앙'에서 벗어나 현실을 직시하라!

신앙인으로서 신앙의 눈으로 세상을 바라보게 됩니다. 때로 자신의 신앙대로 세상과 타인을 손쉽게 판단하기도 합니다. 신앙의 관점에서 도무지 이해되기 어려운 현실을 맞닥뜨리게 되면, 신앙을 지키기 위해 현실을 왜곡하거나 아예 눈을 감고 귀를 막아 버리기도 합니다. 욥의 친구들은 인과응보 사상을 지키기 위해 욥과 그의 자녀들을 죄인으로 몰아가기도 하고, 지금 당장은 아니어도 언젠가는 뿌린 대로 거두게 될 것이라는 '정신승리'를 외치기도 합니다.

여기에 욥은 친구들의 신앙관과는 맞지 않는 현실이 세상에 존재한다는 것을 직시하라고 요청합니다. 잘 먹고 잘 사는 악인들이 이 땅에 존재하는 현실을 인정하라고. 신앙과 현실 사이에 괴리가 발생할 때 자신의 신앙을 지키기 위해 현실을 왜곡하거나 부정하지 말고, 하나님이 창조하신 세상을 올바로 보기 위해 자신의 신앙을 수정하거나 과감히 버릴 용기가 신앙인에게 필요합니다.

4) 지혜와 겸손의 의미를 재해석

잠언의 지혜란 하나님이 창조하신 패턴을 알고 그것에 따라 사는 것입니다. 규범을 간절히 알고자 하는 것은 그 규범을 창조하신 분 앞에서 피조물인 인간이 가질 수 있는 가장 겸손한 자세입니다. 그러므로 선조들에게 배우고 나이가 들고 경험이 많아질수록 사람은 더욱 지혜로워집니다.

하지만 모든 규칙에는 예외가 있는 것처럼, 하나님의 창조 세계에 대한 지식과 경험이 많아질수록 우리는 단순한 원리 한 두 개로 세상을 설명할 수 없음 또한 깨닫게 됩니다. 하나님과 세상에 대한 자신의 지식이 코끼리 다리 만지는 격으로 지극히 제한적이라는 사실을 아는 것이 욥기의 지혜입니다. 욥기의 삐딱한 지혜, 반성적 지혜는 규범을 안다고 하는 잠언의 지혜가 어쩌면 교만일 수 있다고 가르칩니다.

욥이 당한 고난 같은 자연재해와 질병, 사고 등은 그것이 설령 인재(人災)일지라도, 분명 절대주권자이신 하나님이 허락하신 것입니다. 그리고 거기에는 아마도 어떤 하나님의 뜻이 담겨 있을 것입니다. 그러나 그 뜻이 무엇인지 인간인 우리는 온전히 알 수가 없습니다. 모르는 것을 모른다고 말하는 것이 신앙인이 가질 수 있는 겸손입니다. 모르는 것을 안다고 말하는 것은 주제넘은 교만입니다. 하나님이 쉬워지면 아마 그것은 더 이상 하나님이 아닐 것입니다. 세상이 어떤 특정한 신앙의 관점으로 간단히 이해된다면 아마도 그것은 하나님이 창조하신 실재(實在)가 아니라 신앙의 색안경을 통과한 허구의 세상일 것입니다.

5) 욥기와 신정론: 악에게 책임을 전가하지 마라
무언가 나쁜 일이 벌어지면 "악마의 소행"으로 단정 짓기 쉽습니다. 누군가 아플 때 "귀신에 들렸다"고 하든지, 목회자를 비롯한 신앙인의 범죄에 "사탄의 꼬임에 넘어갔다"거나 "마귀가 넘어지게 했다"는 표현을 쓰기도 합니다.

그러나 "악"에 책임을 전가하는 것은 잠언의 가르침도 욥기의 가르침도 아닙니다. 잠언은 규범을 이해하지 못하고 악한 길을 선택한 자의 "무지"를 탓합니다. "지혜"의 부름을 듣지 않고 "음녀"의 꼬임에 넘어간 사람의 잘못입니다. 반면에 욥기는 선한 것도 악한 것도 모두 하나님에게서 오는 것이라고 말합니다. 고통과 질병을 잠언의 틀에서만 이해하는 것은, 욥의 친구들이 그러했던 것처럼, 피해자를 탓하는 폭력 혹은 '2차 가해'를 저지를 수 있음을 경고합니다. 욥기의 하나님이 사탄에게 책임을 돌리지 않으시 듯 신앙인은 손쉽게 타인을 정죄하거나 악에게 책임을 전가해서는 안 됩니다.

한 사람의 고통 앞에서 욥기는 우리가 어떠한 태도를 취해야 하는가를 잘 보여줍니다. 고통을 당하는 사람에게 그 고통의 원인을 설명하거나 이해시키려는 태도를 취하면 안 됩니다. 고통을 당하는 사람의 잘못을 지적해서도 안 되지만, 그 고통이 무언가를 '깨닫게' 하시려는 하나님의 뜻이라는 설명 역시 '교만'입니다. 욥기의 '의로운 자의 고난'은 '까닭 없는 신앙'이 가능한가 하는 문제를 제기하기 위해 시작되었지, 욥에게 무언가를 깨닫게 하기 위해 시작된 것이 아닙니다. 정말 부모가 무엇인가를 깨닫도록 하기 위해 하나님이 자녀를 고통과 죽음으로 몰아넣으신다고 믿으시나요? 자녀의 목숨보다 소중한 깨달음이란 것이 과연 존재하기나 할까요?

한발 더 나아가, 욥의 친구들처럼 하나님을 "변호"하려는 시도 역시 티끌인 인간에게는 주제넘는 짓입니다. 한편으론, 하나님의 선하심을 지키기 위해 한 인간을 정죄하는 폭력을 저지를 수 있기 때문이고, 다른 한편으론, 하나님은 인간의 변호와 보호를 필요로 하지 않으시기 때문입니다. 욥기의 하나님은 욥에게 고난을 허락할 수밖에 없는 자초지종을 설명하지 않습니다. 만약 하나님이 욥에게 사탄 때문에 어쩔 수 없이 그랬다고 변명했다면 아마도 하나님 자신의 "선하심"을 어느 정도 지켜낼 수 있었을지 모릅니다. 하지만 하나님은 자기 변명을 늘어놓지 않으십니다. 하나님이 스스로를 변호하지 않으시는데 우리가 나서서 지켜드릴 필요가 없습니다. 하나님은 인간의 보호를 필요로 할 정도로 약하신 분이 아닙니다. 하나님을 변호하는 것은 신앙인의 역할이 아닙니다. 하나님의 선하심을 지켜내려 고군분투한 욥의 친구들은 하나님의 눈에는 우매한 자로 보일 뿐입니다.

6) 반성적 지혜로서의 욥기의 의미와 한계

욥기는 하나님의 신 되심(Godness)과 하나님의 선하심(Goodness) 사이에서 하나님의 신 되심을 더 강조합니다. 다시 말하면, 하나님의 절대주권과 하나님의 절대선 사이에 충돌이 생길 경우 하나님의 절대주권을 우선한다는 것입니다. 이것은 규범적 지혜의 절대선 개념이 하나님을 인과응보라는 틀 안에 가둠으로써 하나님의 절대주권을 약화시킨다고 비판하는 것입니다.

그렇다면, '신의 선하심'은 어떻게 이해해야 할까요? 욥기는 에필로그(42:12-17)의 '욥의 회복'을 통해 이 문제를 해결하려고 시도합니다.

여호와께서 욥의 말년에 욥에게 처음보다 더 복을 주시니 그가 양 만
사천과 낙타 육천과 소 천 겨리와 암나귀 천을 두었고 또 아들 일곱
과 딸 셋을 두었으며 … 그 후에 욥이 백사십 년을 살며 아들과 손자
사 대를 보았고 욥이 늙어 나이가 차서 죽었더라(42:12-13, 16-17).

욥의 회복을 묘사하면서 욥기는 하나님의 복을 물질과 자녀와
장수(長壽)로 설명합니다. 다시 잠언의 세계로 돌아간 것입니다. 욥기
는 신의 절대주권과 절대선 사이의 갈등을 '의로운 자의 고난'이라는
소재를 가지고 첨예하게 문제제기를 했지만, 마지막 단락에서 욥의
회복을 통해 하나님의 선하심마저도 지켜내고자 합니다. 어떤 면에
서는 '어설픈 화해' 같이 보입니다.

욥기가 잠언과 동일한 개념을 공유하고 있는 것이 한 가지 있습
니다. 바로 '선과 악'의 이분법적 가치판단입니다. 생명은 좋은 것이
고 멸망이나 죽음은 나쁜 것이라는 잠언의 개념을 욥기도 똑같이 가
지고 있습니다. 비록 그것이 하나님께로 온 것일지라도 질병과 자녀
들의 사망은 '악'한 것입니다. 그래야 그것이 당하는 자에게 '고난'이
될 수 있습니다. 반면에 재물과 장수와 평안한 말년은 '선'한 것입니
다. 그래야 그것이 주어진 자에게 '회복'이 될 수 있습니다.

반성적 지혜로서 욥기는 잠언의 규범적 지혜가 갖는 한계를 지
적하고 있지만, 동시에 그 문제를 극단으로 끌고 가지는 않습니다.
특별히, 잠언의 선악 개념에 대해서는 아무런 비판을 가하지 않습니
다. 그래서 전도서가 필요합니다.

제3부

반성적 지혜(2):

전도서

제1장
도를 아십니까?

다윗의 아들 예루살렘 왕 전도자의 말씀이라(전 1:1).

성경은 전도서의 저자를 '코헬렛'(קֹהֶלֶת)이라고 명시합니다. 원어
인 '코헬렛'은 "부르다", "불러 모으다"라는 의미를 가진 '카할'(קהל)
을 어원으로 합니다. 열왕기상 8장 1절의 "이에 솔로몬이 … 이스라
엘 자손의 족장들을 예루살렘에 있는 자기에게로 소집하니"에서 "소
집하다"로 번역된 단어가 이 단어입니다. 즉, '코헬렛'은 "부르는 사
람", "불러 모으는 사람"이란 뜻으로 집회의 인도자나 모임의 발언자
를 일컫습니다.[1] 칠십인역이 전도서를 Ἐκκλησιαστής('에클레시아스테스')

---

1. 문법적으로 '코헬렛'은 여성 단수 분사형으로, 엄밀히 말하면 "불러 모으는
   여자"라는 뜻이 됩니다. 하지만 전도서에서 이 단어는 남성명사로 취급되고
   있으며, 정관사가 없는 형태로 마치 사람 이름 같은 고유명사로 사용되고 있
   습니다. 여성 단수 분사형이 인명(人名)으로 사용된 예는 느헤미야 7장 57절

로 번역하고, 그것이 라틴어(liber ecclesiastes)를 거쳐 지금의 영어의 Ec-clesiastes가 된 것은 이 "불러 모으다"라는 어원의 의미를 반영한 것입니다. 이 단어가 "교회"라는 뜻의 그리스어 ἐκκλησία(에클레시아)와 같은 어원을 갖는 것은 우연이 아닙니다. 당시 유대교 "회당"을 일컫는 '카할'(קהל)을 번역한 것이기 때문입니다.

가톨릭성경은 이 단어를 고유명사로 취급하여 '코헬렛'으로 음역하였고, 공동번역은 "설교자"로 번역하였습니다. "집회의 인도자", "발언자"라는 의미를 반영한 번역입니다. 반면에 개역성경과 새번역은 "전도자"(傳道者)로 번역함으로써 번역자 자신의 가치판단을 개입시킵니다. 이 글의 저자는 "도를 전하는 사람"이고 이 책은 "도를 전하는 책"이라는 판단입니다. 이 책을 "전도서"라고 번역함으로써 이 책이 전하는 "도"에 집중해서 읽으라고 독자들에게 주문합니다.

일반적으로는 번역자가 책 읽기의 틀을 독자에게 강요하는 것은 좋은 태도라 할 수 없습니다. 하지만 "전도서"라는 번역은 그리 나쁘지 않은 경우에 해당합니다. 이 글을 누가 썼느냐 하는 저자의 문제보다는 저자가 하는 말의 내용에 더 집중할 수 있게 하기 때문입니다. 전도서의 저자가 솔로몬이라는 추정은 초기의 유대 랍비들에게서도 발견되는 아주 오랜 역사를 가지고 있습니다. 다윗의 왕위를 물려받은 자로서 지혜의 대명사인 솔로몬만큼 저자의 프로파일에 적합한 사람은 없을 것입니다. 하지만 "다윗의 아들"이라는 표현이 반드시 다윗의 친아들을 의미하지는 않는다는 것과, 전도서에 쓰인 언

의 '소베렛'(סופרת)과 59절의 '보게렛'(פכרת)이 있습니다.

어가 아람어의 영향이 보이고 페르시아 외래어가 등장하는 후기 히브리어(Later Biblical Hebrew)라는 이유로 솔로몬 저작설은 힘을 잃고 있습니다.

저자가 누구인지, 이 글이 언제 쓰였는지는 중요한 문제가 아닙니다. 만약 성경이 전도서의 저자가 솔로몬이라는 것을 강조하고 싶었다면 잠언에서처럼 솔로몬이 썼다는 것을 명시하면 되었을 것입니다. 하지만 성경은 전도서의 처음부터 끝까지 솔로몬의 이름을 밝히지 않고 '코헬렛'이 썼다고 말합니다. 이는 "전도자", "전도서"라는 번역이 그러하듯이, 독자로 하여금 저자가 누구냐는 문제로 주의를 산만하게 하지 말고 그가 전하는 "도" 자체에 집중하도록 요청하는 듯 합니다. 전도서가 말하는 "도"는 반드시 통일왕국 시대의 솔로몬이 써야만 의미가 있는 것이 아닙니다. 어떤 특정한 저자나 특정한 시대에 한정 짓는 것은 오히려 시대와 역사를 초월하는 진리의 한 단면을 드러내는 "지혜"라는 장르의 특성을 제대로 이해하지 못하는 것입니다. 누가, 혹은 언제는 중요하지 않습니다. 그가 전하는 "도"가 과연 무엇인가가 핵심입니다.

제2장
'헤벨'이란 무엇인가?

전도자가 이르되 헛되고 헛되며 헛되고 헛되니 모든 것이 헛되도다

(전 1:2).

코헬렛이 입을 열어 말한 첫 문장은 '헤벨'(הֶבֶל)이라는 단어를 다섯 번이나 반복합니다. 이 '헤벨'이 무엇인지 파악하는 것이 전도서를 이해하는 핵심입니다. 우리말과 외국어 번역 성경들을 보면 크게 세 가지 정도의 의미로 이 '헤벨'을 번역합니다.

(1) "이해할 수 없는, 말이 안 되는": 영어의 "absurd"는 불합리와 부조리를 뜻하는 말로, 합리적인 설명이 불가능하다는 점을 강조한 번역입니다. 우리말 번역 중에는 이러한 의미를 담아 번역한 성경은 없어 보입니다.

(2) "쓸 데 없는, 소용 없는": "useless"나 "futility"라는 번역이 여기에 해당하는데, 아무런 효용가치가 없다는 점을 부각시킵니다. 현

대인의성경의 "무가치하며"와 "아무것도 소중한 것이 없구나"라는 번역이 이러한 의미를 반영하고 있습니다.

(3) "공허한, 텅 빈" > "무의미한": 대다수의 번역 성경이 이 해석을 따릅니다. 개역과 공동번역, 새번역, 쉬운성경 등이 "헛되다"라고 번역하고 있으며, 가톨릭성경과 우리말성경은 "허무"라고 번역합니다. 영어 번역의 "vanity"와 "meaningless"가 이에 상응하는 번역으로 볼 수 있습니다.

합리적 설명을 강조하는 이성주의(理性主義)와 효용가치를 강조하는 실용주의 및 근대 회의주의(懷疑主義) 사상을 모두 겪은 서양인들에게는 위의 세 가지 번역이 다 드러나는 반면, 불교의 공(空)사상에 익숙한 우리는 '비어 있음'을 나타내는 "허"(虛)와 "무"(無)라는 번역이 압도적입니다.

'헤벨'의 원어적 의미

"이해할 수 없고, 쓸모 없고, 무의미하다"는 번역은 그러나 히브리어 원어를 바탕으로 한 것이라기 보다는 어원에서 파생된 의미들입니다. '헤벨'은 원래 입김이나 수증기를 뜻하는 단어입니다. 시편 62편 9절의 "아, 슬프도다 사람은 입김이며 인생도 속임수이니 저울에 달면 그들은 입김보다 가벼우리로다"에서 "입김"으로 번역한 단어가 '헤벨'입니다. 추운 날 숨을 내쉬면 하얗게 잠시 나타났다 사라지는 입김이나 새벽녘 풀잎에 잠시 맺혔다가 없어지는 아침 이슬이나, 해가 뜨면 사라지는 아침 안개 같은 것을 가리킵니다. 여기서 중요한 것은 "잠깐 있다가 사라지는"이라는 속성입니다. 이는 "태고"

나 "영원" 등 아주 오랜 시간을 가리키는 히브리어 '올람'(עולם)의 반
대 개념입니다.[1] "내일 일을 너희가 알지 못하는도다 너희 생명이 무
엇이냐 너희는 잠깐 보이다가 없어지는 안개니라"(약 4:14)는 구절은
이 "잠깐 보이다가 없어지는" '헤벨'의 속성을 풀어서 설명한 것입니
다. 또한 히브리어 '헤벨'은 성경 인물의 이름이기도 한데, 잠깐 이
땅에 생존해 있다가 형 가인에 의해 죽음을 맞는 아벨이 그 사람입니
다. 이름대로 된 것이죠.

'헤벨'을 "이해할 수 없고 쓸모 없고 무의미한 것"으로 정의하는
것과 "잠깐 있다가 사라지는 것"이라는 의미로 이해하는 것은 근본
적인 차이가 있습니다. 좋고 나쁨의 가치판단이 개입되어 있느냐(val-
ue judgment), 아니면 단순히 현상을 묘사하는 것이냐(descriptive)의 차이
입니다. 물론 잠깐 존재했다 없어지는 것을 "덧없다"고 판단할 수는
있지만, 그것은 현상에 대해 가치(value)를 부여한 것입니다. 잠시 존
재하는 모든 것이 헛되고 무의미한 것은 아닙니다. 이슬과 안개, 수
증기와 입김은 잠깐 눈에 보였다가 사라지지만, "무가치하다"고 말
할 수는 없습니다. "모든 것이 무의미하다"라는 말과 "모든 것은 잠
깐 있다 사라지는 것이다"라는 표현은 의미의 차원이 전혀 다른 진
술입니다. 전도서를 이해하기 위해 제가 제안하는 방법은 가치판단
을 보류하고 이 '헤벨'을 현상에 대한 묘사로 이해하자는 것입니다.
만약 모든 것이 무가치하고 쓸모 없다면 대체 왜 전도자는 무엇이 좋

---

1. 욥 7:16에서 '올람'과 '헤벨'은 반의적으로 짝을 이루는 평행법으로 사용됩니
다.

은 것이고 어떠한 태도로 살아야 하는지에 대해 그토록 길게 말을 하는 것일까요? 그것도 다 소용 없고 헛된 것일 뿐일 텐데요.

이 '헤벨'을 "헛됨"으로 이해해야 할지, 아니면 "잠깐 있다가 사라지는 순간"으로 이해해야 할지, 어느 해석이 더 나은 지를 잘 보여주는 구절은 전도서 9장 9절입니다. 개역의 번역에서 히브리어 '헤벨'이 들어간 자리만 공란으로 놓고 보면,

네 [   ] 평생의 모든 날 곧 하나님이 해 아래에서 네게 주신 모든 [   ] 날에 네가 사랑하는 아내와 함께 즐겁게 살지어다 그것이 네가 평생에 해 아래에서 수고하고 얻은 네 몫이니라

이 빈 자리에 (1) "헛된"과 (2) "잠깐 있다 사라지는"이라는 두 개의 형용어 중에 어떤 것을 대입할 때 더 적절한 의미가 될까요? 하나님이 우리에게 주신 생명을 "헛된 날"이라고 과연 말할 수 있을까요? 그보다는, 잠시 머물다 갈 이 세상의 짧은 삶 동안 사랑하는 이와 행복하게 사는 것이 하나님이 우리에게 주신 몫이라고 이 구절을 이해하는 것이 훨씬 적절합니다.

'헤벨'과 "헤벨 아닌 것"

전도서가 말하는 '헤벨'의 의미를 파악하려면 전도자가 이 '헤벨'을 어떤 것과 비교해서 설명하는지를 살펴보면 됩니다. 즉, "헤벨 아

닌 것"이 무엇인지 알면 그 반대 개념인 '헤벨'을 알 수 있습니다.

1) 남은 것: '이트론'(יתרון)

> 해 아래에서 수고하는 모든 수고가 사람에게 무엇이 유익한가(1:3).

"헤벨 아닌 것"으로 전도자가 처음으로 제시하는 것은 '이트론'(יתרון)입니다. 개역은 "유익"으로 번역했고, 새번역과 공동번역, 가톨릭성경은 "보람"으로, 현대인의성경은 "얻는 것"으로 해석했습니다. 영어 성경은 "gain",[2] "profit",[3] "advantage",[4] "real value"[5] 등으로, 우리말 성경과 비슷한 범주의 의미로 '이트론'을 이해하고 있습니다. 물질적, 경제적으로나, 정신적, 감정적으로 무언가 "얻는 것" 혹은 "이득이 되는 것"을 의미합니다. '이트론'에 대한 이러한 이해는 이 성경들이 '헤벨'을 어떻게 이해하고 있는가와 정확히 상응합니다. 무언가 아무리 열심히 한다 해도 아무런 "유익"과 "보람"을 주지 못하는 것은 "헛된" 것이고 "쓸모 없고" "무가치"하며, 따라서 "무의미한" 것입니다.

다시 히브리어 원어적인 의미를 살펴보자면, '이트론'은 어근 '야타르'(יתר)에서 파생된 추상명사로, 그 뜻은 "남다", "남기다"입니다.

2.　NRSV, CEB, NIV

3.　KJV, JPS, NJB

4.　NASB

5.　TNK

즉, 어원적으로 '이트론'은 "남은 것/남는 것/남긴 것"을 뜻합니다. 요엘 1장 4절의 "팥중이가 남긴 것을 메뚜기가 먹고 메뚜기가 남긴 것을 느치가 먹고 느치가 남긴 것을 황충이 먹었도다"에서 "남긴 것"이 이 어근에서 나온 단어 '예테르'(יֶתֶר)입니다. 출애굽기 23장 11절의 "일곱째 해에는 갈지 말고 묵혀두어서 네 백성의 가난한 자들이 먹게 하라 그 남은 것은 들짐승이 먹으리라"에서 "남은 것"도 마찬가지입니다. 즉, '이트론'은 무언가를 한 뒤 남아 있는 것을 뜻합니다. 여기서 또 한번 우리는 가치판단과 현상에 대한 묘사의 차이를 발견하게 됩니다. "유익"이 되고 "보람"을 주는 것은 좋고 나쁨의 가치판단 영역에 속해 있는 반면, "남은/남긴 것"은 단순히 현상을 묘사하는 단어입니다. 메뚜기가 먹고 남긴 것, 또는 추수하고 남은 것이 결과적으로 누군가에게 유익이 될 수는 있지만, "남아 있는 상태" 자체는 가치중립적입니다.

2) 기억됨: '직카론'(זִכָּרוֹן)

> 이전 세대들이 기억됨이 없으니 장래 세대도 그 후 세대들과 함께 기억됨이 없으리라 … 지혜자도 우매자와 함께 영원하도록 기억함을 얻지 못하나니 후일에는 모두 다 잊어버린 지 오랠 것임이라 오호라 지혜자의 죽음이 우매자의 죽음과 일반이로다(1:11; 2:16).

전도자가 '이트론'과 비슷한 개념으로 사용하는 단어가 '직카론'(זִכָּרוֹן)입니다. "기억함" 또는 "기억됨"의 의미로서, 어근 '자카르'

(זכר)에서 파생된 명사입니다. 의미가 분명하고 흔히 쓰이는 단어이
므로 우리말이나 외국어 성경들이 이 단어를 번역하는 것은 단순합
니다. 모두 "기억"이라는 단어에 바탕을 둔 번역입니다. "기억됨이
없다"는 표현을 무언가 기억할 만한 가치가 없다는 가치판단의 영역
에서 이해할 수도 있지만, 단순하게는 "기억되지 않는" 가치중립적
상태를 나타냅니다. 전도서 1장 11절에서 이 단어가 사용된 것을 보
면, 좋고 나쁨의 의미를 부여하기 보다는 가치중립적인 현상 묘사로
여겨집니다. "이전 세대"나 "장래 세대"가 기억할 만한 가치가 없는
부정적인 의미로 사용되었다고 보기 어렵기 때문입니다. 또한 2장
16절에서는, 지혜 장르에서 긍정적인 의미를 가지는 "지혜자"와 부
정적인 의미의 "우매자"에게 모두 '직카론'이 없다고 하는 것으로 보
아, '직카론' 그 자체는 가치중립적인 것으로 보는 게 좋습니다.

한 가지 여기서 언급하고 싶은 것은 "기억"이 전통적인 지혜 장
르에서 가지는 중요성입니다. 특히 '이전 세대'를 기억하는 것은 잠
언의 올곧은 지혜에서 아주 중요한 가치를 가집니다. 규범적 지혜는
젊은이들에게 부모의 법과 훈계를 명심하라고 가르치고(잠 1:8; 4:1;
6:20; 13:1; 15:5; 23:22), 옛 선조들이 세운 경계를 바꾸지 말라고 경고합니
다(잠 22:28). 이전 세대의 경험과 가르침을 배우고 기억하는 것이 지혜
를 얻기 위해 요구되는 필수 조건입니다. 그런데 전도서는 이 지점에
서 규범적 지혜와는 다른 이야기를 합니다. 시간이 지나면 이전 세대
를 기억할 사람은 아무도 없다고 말입니다.

3) 새 것: '하다쉬'(חֲדָשׁ)

> 이미 있던 것이 후에 다시 있겠고 이미 한 일을 후에 다시 할지라 해
> 아래에는 새 것이 없나니 무엇을 가리켜 이르기를 보라 이것이 새 것
> 이라 할 것이 있으랴 우리가 있기 오래 전 세대들에도 이미 있었느니
> 라(1:9-10).

전도자는 모든 것이 '헤벨'이어서 '이트론'도 '직카론'도 없다고
말합니다. 동시에 그 어떤 것도 "새 것"(חֲדָשׁ)이 아니라고 말합니다. 미
래지향적인 가치관에서 새로운 것은 좋고 바람직한 것이기 때문에,
"해 아래 새 것이 없다"는 전도자의 말은 현대인들에게 암울하고 공
허한 미래를 상징하는 대표적인 문구가 되었습니다. 무엇인가 진취
적으로 새로운 것을 시작하려는 모든 시도에 찬물을 끼얹는 셈입니
다. 그러나 규범적 지혜 장르에서 설명했듯이, 고대 이스라엘인들은
과거지향적인 세계관을 가지고 있었습니다. 그들에게 있어 "새로운
것이 없다"는 진술은 현대인들이 생각하는 것과 똑같은 의미를 지니
지 않습니다. 과거를 기억하고 옛 지혜의 가치관을 보존하고 유지하
는 것이 중요한 사람들에게 "새 것"이란 반드시 좋은 것을 의미하지
는 않습니다.

잠언과 전도서의 차이점은 이 "새 것"에 대해 서로 다른 가치판
단을 하고 있다는 점에 있지 않습니다. 오히려 "옛 것"을 바라보는
관점에서 차이가 납니다. 잠언에서 "옛 것"이란 지혜를 담보하는 것
으로서, "새로운" 젊은 세대는 많은 노력을 기울여서 이 "옛 것"을 배

워야 합니다. 지혜에 다다르는 성패가 여기에 달려 있습니다. 반면에
전도서의 "옛 것"이란 그렇게 애써서 지킬 필요가 없는 것입니다. 왜
냐하면 "옛 것"은 항상 반복되기 때문입니다. 누군가 힘들게 이 옛
것에 새로운 것을 더하려고 해도 할 수 없습니다. 모든 것은 "오래 전
세대에도 이미" 존재했으니까요(1:10). 현대인의 미래지향적 세계관에
서 "새 것이 없다"는 표현은 허무주의를 대표하지만, 과거지향적 관
점에서 그 표현은 하나님이 창조하신 패턴의 불변성을 나타내는 신
의 절대주권에 대한 진술입니다.

4) 하나님의 창조세계와 그 법칙

> 한 세대는 가고 한 세대는 오되 땅은 영원히 있도다. 해는 뜨고 해는
> 지되 그 떴던 곳으로 빨리 돌아가고 바람은 남으로 불다가 북으로 돌
> 아가며 이리 돌며 저리 돌아 바람은 그 불던 곳으로 돌아가고 모든
> 강물은 다 바다로 흐르되 바다를 채우지 못하며 강물은 어느 곳으로
> 흐르든지 그리로 연하여 흐르느니라(1:4-7).

잠깐 있다 사라지는 '헤벨'과 대비되는 것은 1장 4절에서 "땅"으
로 대표되는 하나님의 창조세계와 그 운행 법칙입니다. 해가 뜨고 지
고 바람이 불고 강물이 흐르는 것은 영원 불멸합니다. 여기에 "새
것"은 없습니다. 이 세계가 운행하는 법칙은 하나님이 태초에 정하
신 것으로서 변하지 않는 것이라는 것이 전도서의 증언입니다. 다만
"세대"로 표현된 인간은 '헤벨'로서 이 불변하는 세계에 잠시 왔다

가는 존재입니다.

'올람'과 '헤벨' 사이

전도서 1장을 이해하는 핵심은 여기에 있습니다. 하나님이 창조하신 패턴은 변함이 없지만("해 아래 새 것이 없다"), 이 땅에 잠깐 왔다 사라지는 존재인 인간은 그 패턴을 바꿀 만한 어떤 흔적을 남길('이트론') 수 없고, 기억될('직카론') 만한 것을 새롭게('하다쉬') 창조할 수도 없다는 것입니다. 무한한 시간에 비해 "찰나"('헤벨')에 불과한 한 세대가 왔다 가더라도, 언제나 해는 뜨고 지며 바람은 남북으로 불며 강물은 바다로 흐를 것입니다. "해 아래에서 수고하는" 인간의 모든 노력은 이 패턴을 바꿀 만한 아무런 것도 남기지 못합니다(1:3). "이미 있던 것이 후에 다시 있을" 것입니다(1:9). 영원한 것('올람')과 잠깐 있는 것('헤벨') 사이의 대비를 이해하는 것이 전도서가 앞으로 전개할 내용을 파악하는 핵심입니다.

제3장
전도서의 반성적 지혜(1): 하나님의 절대주권

전도서의 초월자적 시각

전도서는 그 저자를 한 명의 왕으로 상정하고 있습니다. 이것은 마치 한 인간의 목소리로 자신의 경험담을 들려주는 듯 합니다. 물론 일반인들이 경험할 수 있는 것보다 훨씬 크고 많은 것을 왕이 경험할 수는 있겠습니다. 그는 자신이 이전에 있던 사람들보다 더 지혜롭고 더 많은 지식을 만나보았다고 말합니다(1:16). 그는 최대한의 즐거움도 누려보았고(2:1-3), 포도원과 삼림을 가꾸는 사업을 크게 했고(2:4-6), 남들보다 더 많은 소유를 누리기도 했습니다(2:7-8). 하지만 그렇다고 한 인간이 세상의 모든 것을 보고 알고 경험할 수는 없을 것입니다.

그러나 전도자의 말은 개별자가 가지는 한계를 훨씬 뛰어넘습니다. 한 개인이 도무지 할 수 없는 얘기를 하고 있습니다. 그는 첫 마디 말부터 "모든 것"이 헤벨이라고 선언합니다. 경험의 한계를 가질 수밖에 없는 어떤 개인이 "모든 것"에 대해서 언급하는 것 자체가 전도서의 시각이 개인의 경험적 한계를 벗어난 전지적 시점임을 나타냅니다. 이 땅에서 인간의 모든 수고가 그 어떤 '이트론'도 남기지 않는다고 할 때(1:3), 그가 언급하는 "사람"은 특정 개인이나 일부 부류의 사람들이 아닌 인류 전체를 나타냅니다. 그의 사유가 미치는 공간은 "해 아래서"로 표현되는 전 지구적인 스케일을 가지고 있으며, 여러 세대가 출몰해도 이 땅은 "영원히 서 있다"(1:4)는 그의 진술은 무한한 시간의 영역을 아우릅니다. 인류 역사상 존재한 그 어느 인간도 지구상의 모든 강물을 다 직접 보지는 못했을 것임에도, 전도자는 "모든 강물이 다 바다로 흐른다"(1:7)고 선언합니다. 남과 북으로 움직이는 바람을 얘기할 때(1:6)의 전도자는 마치 엘리후 혹은 욥기의 하나님이 연상되기도 합니다.

여기서 중요한 것은 전도서의 사유와 언어가 개별자로서의 사람에 초점을 맞추지 않는다는 것입니다. 욥기와 전도서는 반성적 지혜라는 같은 장르에 속해 있음에도 전혀 다른 접근법을 보여줍니다. 규범적 지혜인 잠언이 모든 인류를 포함하는 일반론을 전개할 때 욥기는 개별적인 경우를 강조합니다. 잠언의 인과응보 사상이 각각의 모든 경우에 다 적용할 수 없다는 약점을 폭로하기 위해 욥기는 한 명의 개인을 주인공으로 내세웁니다. 그런데 전도서는 다시 이 문제를 전 인류적, 전 우주적, 전 시간적 차원으로 확장합니다. 히브리어 '이트론'을 "유익"이나 "보람"으로 번역하는 것은 전도서의 대규모 스케일을 제대로 파악하지 못하는 것입니다. 개인의 수고가 자신에게 적절한 보상으로 주어지느냐 아니냐의 문제로 '이트론'을 이해한다면, 그것은 서양의 개인주의와 자본주의적 시각으로 전도서를 잘못 읽는 것입니다. '이트론'은 하나님이 창조하신 전 우주적 패턴을 조금이나마 바꿀 수 있는 어떤 흔적을 남기는 것을 의미한다고 보는 것이 전도서가 다루는 스케일의 크기에 부합하는 해석입니다. 이 거대한 시공간에 잠깐 머물다 사라지는 인간은 그 누구도 '이트론'을 남길 수 없습니다. 이렇게 전도서가 초월자의 시각으로 문제를 바라보는 것은 하나님의 창조세계의 영원성과 '헤벨'인 인간의 한계성을 극명하게 대비하기 위함입니다.

창조세계의 영원성과 인간의 한계성

> 모든 만물이 피곤하다는 것을 사람이 말로 다 말할 수는 없나니
> 눈은 보아도 족함이 없고 귀는 들어도 가득 차지 아니하도다(1:8).

전도서 1장 8절의 "만물이 피곤하다"는 표현을 살펴보겠습니다. 히브리어 '다바르'(דָּבָר)는 독특한 히브리적 사고를 잘 나타내는 단어입니다. "말"(word)과 "사물"(thing)과 "사건"(matter, event)이라는 뜻을 모두 가지고 있습니다. 우리의 언어개념에서는 서로 다른 범주의 의미가 한 단어 안에 융합되어 있습니다. 개역과 새번역은 "만물"로 번역하면서 '다바르'의 의미를 "사물"로 이해합니다.[1] 공동번역은 "세상

---

1. 새번역: 만물이 다 지쳐 있음을 사람이 말로 다 나타낼 수 없다. 눈은 보아도 만족하지 않으며 귀는 들어도 차지 않는다.

만사"라고 번역합니다.[2] 세상에 존재하는 모든 "사물"과 벌어지는 모든 "사건"을 한번에 일컫는 점에서 좋은 번역입니다. 반면에 가톨릭 성경은 "온갖 말"이라고 번역합니다.[3] 뒤따라 나오는 "다 말할 수 없다"는 표현과 상응한다는 점에서는 좋습니다만, 바로 이어지는 '여게임'(יגעים)과는 그리 잘 어울리지 않습니다.

'여게임'은 '야가아'(יגע)를 어근으로 하는데, 의미는 (1) "수고하다", "일하다", (2) "지치다", "피곤하다" 입니다. 첫 번째 의미는 노동을 하고 있는 상태를 의미하는 반면, 두 번째 의미는 노동 후의 지친 상태를 의미합니다. 여호수아 24장 13절의 "너희가 수고하지 아니한 땅을 … 너희에게 주었더니"에서 '야가아'는 "일하다"라는 첫 번째 의미로 쓰였습니다. 반면에 사무엘하 17장 2절의 "그가 곤하고 힘이 빠졌을 때에 기습하여"에서는 지치고 피곤한 상태를 뜻합니다. 이렇듯 이 단어는 (1)과 (2) 두 의미 모두 적지 않게 성경에서 사용되고 있습니다. 그러므로 원문은 (1) "모든 만물이 다 일한다", "움직인다"의 의미일 수도 있고, 혹은 (2) "모든 만물이 다 지쳤다"로 이해할 수도 있습니다.

만약 "모든 만물이 다 일한다"의 의미라면, 전도서 1장 8절의 의미는 다음과 같습니다: 바람과 강물 등 하나님의 창조세계는 쉬지 않고 끊임없이 계속 움직이고 있으며, 절대자가 정한 패턴을 무한히 반

---

2. 공동번역: 세상만사 속절없어 무엇이라 말할 길 없구나. 아무리 보아도 보고 싶은 대로 보는 수가 없고 아무리 들어도 듣고 싶은 대로 듣는 수가 없다.

3. 가톨릭성경: 온갖 말로 애써 말하지만 아무도 다 말하지 못한다. 눈은 보아도 만족하지 못하고 귀는 들어도 가득 차지 못한다.

복한다. 그러나 그 무한한 시간에 비하면 "찰나"('헤벨')에 지나지 않는 인간은 무한한 세계를 다 표현할 언어가 없고, 다 볼 수도, 다 들을 수도 없다. 즉, 무한한 하나님의 창조세계와 인간의 한계성을 대비시키는 구절입니다.

대부분의 번역성경들이 선택하듯이 "모든 만물이 피곤하다, 지쳤다"의 의미일 경우, 과연 전도자는 "만물이 피곤한 상태에 있다"는 것을 말하고 싶은 걸까요? 태양과 바람과 강물이 지친 상태에 있습니까? 전도자가 살던 시대나, 몇 천년이 지난 우리 시대나 어김없이 해는 뜨고 지기를 반복하고 있으며, 바람과 강물은 지치지 않고 쉼 없이 움직입니다. 하나님의 창조세계는 피곤하지 않습니다. 그렇다면 8절 전반부는 "만물이 지쳤다고 사람이 말할 수 없다"로 이해하는 것이 타당합니다. 즉, 피곤하지 않다는 것입니다. 해와 바람과 강물이 지쳐서 움직임을 멈추는 때를 어느 눈도 본 적이 없으며 어느 귀도 들은 적이 없습니다(1:8b). 즉, '야가아'를 "피곤하다", "지치다"로 해석하더라도 이 구절은 마찬가지로 창조세계의 무한성과 인간의 유한성을 대비시키고 있습니다.

인간의 인식불가능성: "영원을 사모하는 마음"?

창조세계의 무한성과 인간의 유한성을 극명히 대비시키는 전도서의 신학을 제대로 파악했다면 다음과 같은 오역은 나오지 않았을 것입니다. 안타깝게도 전도서의 말씀 중 가장 많이 인용되는 구절 중의 하나입니다.

하나님이 모든 것을 지으시되 때를 따라 아름답게 하셨고 또 사람들
에게는 영원을 사모하는 마음을 주셨느니라 그러나 하나님이 하시
는 일의 시종을 사람으로 측량할 수 없게 하셨도다(3:11).

영원의 세계를 측량할 수 있는 능력은 부여 받지 못했으면서 동
시에 영원의 세계를 간절히 사모하는 마음을 가지고 있다는 표현만
큼 인간 존재의 딜레마를 아름답고도 비극적으로 기술한 문장을 또
찾기는 어려울 것입니다. 그래서 "영원을 사모하는 마음"은 전도서
의 인간론의 핵심인 듯 인용됩니다. 이 구절이 전도서 신학의 핵심인
것은 맞습니다. 다만 "영원을 사모하는 마음"을 인간에게 주셨다는
번역은 오역입니다.

את הכל עשׂה יפה בעתו גם את העלם נתן בלבם
מבלי אשר לא ימצא האדם את המעשׂה אשׂר עשׂה האלהים מראשׂ ועד סוף

원문을 문장 순서대로 번역하자면 다음과 같습니다: "그(하나님)가
모든 것을 각각의 때에 아름답게 만드셨다. 게다가 그들의 중심(직역:
심장)에 영원('올람')을 주셨다. 하나님이 만드신 것의 시작부터 끝까지
를 사람이 알지 못하게 하기 위해."

* * *

히브리어 원문과 개역의 번역을 비교해 보면, 첫째, "사모하는"

이라는 표현이 원문에 없습니다. 둘째, "사람들에게는 (영원을)"이라는 단어가 없습니다. 셋째, 전반부와 후반부를 반의적으로 연결하는 "그러나"라는 접속사가 없습니다.

이 구절을 이해, 혹은 오해하게 하는 핵심은 하나님이 "영원"을 주신 "그들의 중심"이 과연 사람들의 마음을 가리키는가에 있습니다. 히브리어 원문의 문장 순서를 따른다면 그런 해석은 어렵습니다. 하나님이 모든 것을 만드셨고 "그들"의 중심에 영원을 주셨다면, 본문의 "그들"이라는 대명사는 바로 앞에 나오는 "모든 것"을 지칭합니다. 즉, 하나님이 창조하신 세계의 패턴이 영원불변하다는 뜻입니다. "사람"이라는 단어는 대명사 다음의 하반절에 나오기 때문에 상반절의 "그들"이 사람을 가리킨다고 보기 어렵습니다. 개역을 비롯한 대부분의 번역성경의 오역은 "그들"을 뒤에 나오는 "사람"으로 보는 것에서 출발합니다.[4]

* * *

전도서 3장 11절은 앞서 말한 대로 전도서 신학의 핵심을 나타냅니다. 이 구절을 나누어 보면,

(1) "그(하나님)가 모든 것을 각각의 때에 아름답게 만드셨다": 하나님의

---

4. 이 글에서는 개역성경의 번역만 문제삼고 있지만 대부분의 번역성경들도 마찬가지의 오역을 하고 있습니다. 제가 살펴본 번역 중에 "사람의 마음"이 아니라 "그들의 심장"(their heart)이라고 직역한 번역은 NASB와 JPS뿐입니다.

절대주권

(2) "그들(만물)의 중심에 영원을 주셨다": 패턴의 영원불변성

(3) "하나님의 창조의 시작과 끝을 사람들이 알지 못하게 하기 위해": 인
간의 한계성

이 한 구절에 절대자의 무한성과 인간의 유한성을 모두 담아내
고 있습니다. 하나님이 창조하신 세계는 무한하기 때문에 '헤벨'인
인간은 그 처음과 끝을 알 수 없는 유한자일 뿐임을 강조하고 있습니
다. "한 세대는 가고 한 세대는 오되 땅은 영원히 있도다"(1:4)로 시작
한 두 세계의 대비가 3장에서도 계속되고 있는 것입니다.

하나님께서 행하시는 모든 것은 영원히 있을 것이라 그 위에 더 할
수도 없고 그것에서 덜 할 수도 없나니 하나님이 이같이 행하심은 사
람들이 그의 앞에서 경외하게 하려 하심인 줄을 내가 알았도다(3:14).

창조세계의 영원성은 창조자의 절대주권을 나타냅니다. "그 위
에 더 할 수도 없고 덜 할 수도 없다"는 말이 바로 "이트론은 없다"와
"새것('하다쉬')이 없다"는 표현을 풀어 쓴 것입니다. 한 인간이 얻을 물
질적인 "유익"이나 정신적인 "보람"과는 상관 없는, 절대불변의 패
턴에 아무 것도 덧붙여 "남길 새로운 것"이 없다는 뜻입니다. 절대자
의 무한성 앞에서 인간은 머리를 조아릴 수밖에 없습니다. "영원을
사모하는 마음"을 가졌기 때문이 아니라, 무한하신 하나님 앞에서
한낱 '헤벨'이기 때문입니다. 전도서는 인간을 "영원"에 대해 묵상하

고 사모하는 존재로 묘사하지 않습니다. 오히려 영원과 전혀 거리가 먼 존재로 이해합니다. 그러기에 "영원을 사모하는 마음을 사람에게 주셨다"는 번역은 오역일 수밖에 없습니다.

* * *

　반성적 지혜로서 전도서는 절대자와 인간 사이의 차이를 강조합니다. 유한한 인간이 무한한 하나님을 온전히 파악할 수 없다고 말하는 점에서 욥기와 맥락을 같이 합니다. 욥기와 전도서의 차이점은 하나님의 무한성과 인간의 유한성을 비교할 때 어떠한 측면을 대비시키느냐에 있습니다. 욥기는 주로 '공간적인' 측면을 부각시킵니다. 인간의 활동과 이해가 미치지 못하는 수많은 영역이 존재한다고 말입니다. 천상의 공간과 죽음의 세계, 야생동물이 사는 영역을 비롯하여 바다 깊은 곳처럼 인간의 발길이 닿지 않는 곳의 존재를 언급함으로써 하나님에 대해 인간이 알고 있는 것은 극히 제한적일 수밖에 없음을 지적합니다. 반면에 전도서는 '시간적인' 측면을 보다 부각시킵니다. 절대자가 창조한 세계는 태초('올람')부터 시작한 영원('올람')한 것인 바, 그 시작과 끝을 볼 수 없는 유한자인 인간은 하나님이 만드신 패턴의 전모를 파악할 수 없다는 것이 전도서의 지적입니다. 욥기가 잠언이 다루지 않는 공간과 잠언의 법칙이 적용되지 않는 예외적인 경우를 통해 규범적 지혜의 한계를 드러낸다면, 전도서는 잠언과 같은 일반론의 영역에서도 잠언의 한계를 충분히 보여줍니다. 전 우주적으로 공간을 확장하고 영원의 세계로 시간을 확장하면 인간이

인지할 수 있는 하나님의 세계는 "찰나"(헤벨)의 순간에 지나지 않습니다.

하나님의 하나님 되심, 즉 절대주권 개념은 욥기와 비교해볼 때 전도서에서 보다 강화됩니다. 욥기는 인간 세계 밖의 영역, 즉 인간이 관할하지 않는 영역을 언급함으로써 하나님의 절대주권을 잠언에서보다 강조하고 있습니다. 전도서는 한발 더 나아가서, 인간이 살아가는 영역을 포함하여 모든 시공간이 하나님의 관할하에 있으며 그 어떤 것도 하나님이 정하신 패턴을 바꿀 수 없다고 말함으로써 절대주권 개념을 극단으로 끌고 갑니다: "지금 있는 것 이미 있던 것이고, 앞으로 있을 것도 이미 있는 것이다. 하나님은 하신 일을 되풀이하신다"(3:15, 새번역).

제4장
전도서의 반성적 지혜(2):
하나님의 절대선

전도서처럼 이렇게 하나님의 절대주권 개념을 극대화시키면 '악'의 현실을 설명할 길이 없어진다는 문제가 발생합니다. 모든 것은 하나님이 정하신 것이고 그 패턴에 한 치의 예외도 없다면, 불의와 불행, 까닭 없는 고난과 이유 없는 고통은 대체 어떻게 설명될 수 있을까요? 전도서가 이 문제를 풀어가는 방식을 살펴보면 반성적 지혜로서의 전도서의 정체성이 가장 잘 보입니다. 전도서의 선악 개념이 가장 잘 드러난 곳은 바로 전도서 3장 1-8절, 그 유명한 "모든 것은 때가 있다"는 구절입니다.

"모든 것은 때가 있다"

범사에 기한이 있고 천하 만사가 다 때가 있나니 날 때가 있고 죽을 때가 있으며 심을 때가 있고 심은 것을 뽑을 때가 있으며 죽일 때가 있고 치료할 때가 있으며 헐 때가 있고 세울 때가 있으며 울 때가 있고 웃을 때가 있으며 슬퍼할 때가 있고 춤출 때가 있으며 돌을 던져 버릴 때가 있고 돌을 거둘 때가 있으며 안을 때가 있고 안는 일을 멀리 할 때가 있으며 찾을 때가 있고 잃을 때가 있으며 지킬 때가 있고 버릴 때가 있으며 찢을 때가 있고 꿰맬 때가 있으며 잠잠할 때가 있고 말할 때가 있으며 사랑할 때가 있고 미워할 때가 있으며 전쟁할 때가 있고 평화할 때가 있느니라(3:1-8).

이 구절은 주로 하나님의 절대주권을 표현하는 것으로 알려져 있습니다. 모든 것은 하나님이 정하신 패턴에 따라 결정된다는 것이죠. 핵심단어는 바로 "때"입니다. 패턴에 따라 한 치의 오차도 없이 움직인다는 하나님의 절대주권은 규범적 지혜인 잠언의 증언과 일치합니다. 이에 대해 욥기는 반드시 패턴대로 움직이는 것은 아니라는 점을 강조했습니다. 그런데 욥기와 같은 반성적 지혜 장르에 속해 있음에도 불구하고 전도서는 패턴에 예외는 없다는 지극히 "잠언스러운" 진술을 하고 있습니다. 인과응보의 패턴이 기계적인 원리가 아니라는 것을 항변하던 욥의 절규가 무색해지는 순간입니다. 아마도 이 구절이 널리 인용되는 이유는 전도서가 마치 규범적 지혜처럼 말하고 있기 때문일 것입니다. 잠언에 익숙한 독자들의 눈에는 "잠언스러운" 구절이 눈에 들어오기 마련입니다.

* * *

하지만 전도서 3장 1-8절 중에 "때"라는 단어에만 초점을 맞춘다면 이 구절의 절반만 읽은 것입니다. 정말 중요한 것은 "때"를 제외한 나머지에 있습니다. 그리고 바로 이 지점에 잠언과도 욥기와도 다른 전도서만의 독특한 관점이 있습니다.

전도자는 태어나는 것과 죽는 것을 아무런 가치판단을 하지 않고 병치합니다(3:2). 죽임과 치료(3:3), 울음과 웃음(3:4), 사랑과 미움이나 전쟁과 평화(3:8)는 전통적 개념의 선과 악의 이분법에서 벗어나 있습니다. 만약 전도자가 여기서 사랑은 좋은 것이고 미움은 나쁜 것이라는 이분법을 전개하는 것이라면, 돌을 던지는 것은 좋은 것이고 돌을 거두는 것은 나쁜 것인가요(3:5), 아니면 그 반대인가요? 옷감을 꿰매는 것은 좋은 것이고 찢는 것은 나쁜 것인가요(3:7)? 아니요, 그렇지 않습니다. 옷을 만들 때 옷감을 찢기도 하고 꿰매기도 합니다. 좋고 나쁨의 문제가 아니라 필요의 문제입니다. 돌을 던져야 할 때 던지고 던지지 말아야 할 때 던지지 않습니다. 말이 필요할 때 말하는 것이고 필요 없을 때 침묵합니다(3:7). 그 어느 것도 좋은 것도 나쁜 것도 아닙니다. 다만 하나님이 정하신 때에 따라 움직일 뿐입니다. 그 어떤 것도 "때를 따라 아름답지" 않은 것이 없습니다(3:11).

전도서는 전통적인 규범적 지혜의 가치판단이 적용되던 개념들을 가치판단을 적용할 수 없는 것들과 나란히 배치함으로써 잠언의 선악 개념을 파괴합니다. 생명은 축복이고 죽음은 저주라는 공식은 전도서에서 설 자리가 없습니다. 질병은 하나님께 벌을 받은 것이고 치료는 회복이라는 규범적 지혜의 이분법은, 비록 욥기에서는 계승

될지언정 전도서에서는 무참히 깨어집니다. 누군가 태어나고 죽는 것은 축복이나 저주가 아니라 하나님이 정하신 "때"가 된 것뿐입니다. 파종은 축복이고 추수는 저주라고 여기는 사람은 없을 것입니다. 생명의 탄생과 죽음 또한 마찬가지입니다. 아픈 것은 단순히 아플 때가 되어서 그런 것이고, 나을 때가 되어서 치료된 것뿐입니다. 누군가를 사랑하는 것도 미워하는 것도, 전쟁을 벌이는 것도 평화조약을 맺는 것도, 좋고 나쁨이나 긍정과 부정의 관점에서 이해되지 않습니다. 전도자는 이 모든 것이 다 "아름답다"고 말합니다(3:11). 하나님이 정하신 때에 따라 모든 것이 적절하게 발생하는 것이라면, 전 우주, 전 역사를 걸쳐 발생한 그 어떤 사건도 다 아름다운 것입니다. 그 어떤 것도 "선"이 아닌 것이 없습니다. 하나님이 하지 않으신 일이 없기 때문입니다.

* * *

전도서는 하나님의 하나님 되심, 즉 절대주권 개념을 극단으로 끌고감으로써 전통적인 선악 구분을 파괴하고 있으며, 동시에 대안적인 절대선 개념을 제시합니다. '하나님이 하나님이시기 때문에 모든 것은 선하다'는 것이 전도서의 핵심입니다. 이 신학 아래에서는 전통적인 개념의 지혜와 우매의 이분법도 사라집니다: "지혜자도 우매자와 함께 영원하도록 기억함('직카론')을 얻지 못하나니 후일에는 모두 다 잊어버린 지 오랠 것임이라 오호라 지혜자의 죽음이 우매자의 죽음과 일반이로다"(2:16). 심지어는 사람과 짐승 사이의 구분도 무

의미합니다: "인생이 당하는 일을 짐승도 당하나니 그들이 당하는 일이 일반이라 다 동일한 호흡이 있어서 짐승이 죽음 같이 사람도 죽으니 사람이 짐승보다 뛰어남이 없음은 모든 것이 헛됨('헤벨')이로다"(3:19). 규범적 지혜의 관점에서 정의된 지혜로운 사람도 멍청한 사람도 모두 이 세계에 아주 잠깐 머물다 가는 '헤벨'이어서 절대자가 만든 세계의 패턴에 아무런 영향을 끼치지 않습니다. 사람과 짐승도 별 차이가 없는데 현명한 사람과 아둔한 사람의 차이는 더더욱 별 거 아닙니다: "지혜자가 우매자보다 나은 것이 무엇이냐"(6:8).

"심판"의 의미

선악의 이분법적 가치판단은 잠언 같은 규범적 지혜의 가장 중요한 근간입니다. 인과응보 사상이 유지되기 위해서는 무엇이 좋은 것이고 무엇이 나쁜 것인가에 대한 분명한 기준이 있어야 합니다. 만약 생명이나 죽음, 질병과 회복이 별 차이 없는 것이라면 "선"을 추구해야 할 명분이 없어집니다. "선"이 무엇인지 모르는데 "선"을 추구할 수는 없으니까요. 욥기는 잠언의 선악 개념 자체를 문제삼지는 않습니다. 다만, "선"을 심는다고 해도 그 결과가 반드시 "선"이 아닐 수 있다는 점을 들어 잠언의 한계를 지적합니다. "뿌린 대로 거둔다"는 원리가 만고불변의 진리가 아닐 뿐, 욥기에서도 여전히 생명은 좋은 것이고 죽음은 나쁜 것이고, 질병은 안 좋고 치료는 좋은 것입니다. 하지만 전도자의 화살은 규범적 지혜의 핵심인 선악 개념 자체를 겨냥합니다.

또 내가 해 아래에서 보건대 재판하는 곳 거기에도 악이 있고 정의를
행하는 곳 거기에도 악이 있도다 내가 내 마음속으로 이르기를 의인
과 악인을 하나님이 심판하시리니 이는 모든 소망하는 일과 모든 행
사에 때가 있음이라 하였으며(3:16-17).

'선'에도 '악'이 있고, 마찬가지로 '악'에도 '선'이 있을 수 있습니
다. "선을 행하고 전혀 죄를 범하지 아니하는 의인은 세상에 없기 때
문"(7:20)입니다. 선과 악의 기준이 분명하지 않고, 무엇이 선이고 무
엇이 악인지 명확히 말할 수 없다면 하나님이 의인과 악인을 심판하
신다는 말(3:17)은 무슨 의미일까요? 하나님이 판단하시는 의인과 악
인의 기준은 무엇일까요?

전도서의 기본입장은 하나님의 판단을 인간이 알 수 없다는 것
입니다. 규범적 지혜의 기준으로 의인(= 지혜자)이라 여겨지더라도 하
나님이 보시기에도 그렇게 보일지는 모르는 법입니다: "의인들이나
지혜자들이나 그들의 행위나 모두 다 하나님의 손 안에 있으니 사랑
을 받을는지 미움을 받을는지 사람이 알지 못하는 것은 모두 그들의
미래의 일들임이니라"(9:1). 여기서 "미래의 일"이란 죽은 후에 벌어
지는 일을 말합니다.[1]

흥미롭게도 전도서는 사후의 세계를 상정하지 않습니다. 사후세
계가 없다고 단정하는 게 아니라 모른다는 입장입니다: "인생들의

---

1. "미래의 일"이 죽음을 나타낸다는 주장의 근거는 바로 이어지는 전도서 9장
   2-6절이 모두 죽음에 대한 구절이라는 것입니다.

혼은 위로 올라가고 짐승의 혼은 아래 곧 땅으로 내려가는 줄을 누가 알랴"(3:21). 사후세계를 신학적 사유에서 배제시키기 위해 전도자는 창세기 3장 19절 "너는 흙이니 흙으로 돌아갈 것이니라"를 인용합니다: "다 흙으로 말미암았으므로 다 흙으로 돌아가나니 다 한 곳으로 가거니와"(3:20). 죽은 후에 어떤 일이 벌어질지는 인간이 알 수 없습니다. '헤벨'인 인간이 이 세상에서 벌어지는 일들조차 알 수 없는데 ("해 아래에서 행해지는 일을 사람이 능히 알아낼 수 없도다", 8:17), 하물며 죽은 후의 일을 알 수 있겠습니까? 현세의 일과 내세의 일을 꿰뚫어 안다고 하는 사람이 있을지라도 그것은 자신의 주장일 뿐입니다: "비록 지혜자가 아노라 할지라도 능히 알아내지 못하리로다"(8:17).

그러므로 전도서에 나오는 "하나님의 심판", 혹은 "하나님이 심판하신다"는 표현은 단순히 "죽는다"는 뜻 이상도 이하도 아닙니다.[2] 흙으로 돌아간 이후에 어떤 일이 벌어질지, 선과 악에 대한 하나님의 판단이 어떠할지 알 수 없다면 인간이 사후세계에 대해 말하는 것은 어리석은 일입니다. 전도서 3장 17절의 "심판"이라는 표현 다음에 이어지는 말들이 사람이나 짐승이나 모두 다 죽는다는 현상을 설명하는 이유는 바로 전도서에 있어 "심판"은 곧 "죽음"이기 때문입니다. 전도자의 신학은 죽음의 순간 이후에 대해서는 침묵합니다. 인간은 알 수 없기 때문입니다. 알 수 없는 것을 말하는 것은 무의미합니다.

---

2. 전도서 12장 14절의 "심판"(משפט)은 단순한 "죽음"의 의미를 넘어서 "하나님에 의한 선과 악의 분별"을 뜻한다는 점에서 예외라 할 수 있습니다. 그러나 전도서 12장 9-14절은 전도자의 말이 아닙니다.

제5장
전도서의 반성적 지혜(3):
지혜란 무엇인가?

전도서 1장에서 3장까지 전도자는 중요한 신학적 진술을 모두 다합니다. 하나님의 창조세계의 패턴은 영원불변하지만 이 세상에 잠시 머물다 사라지는 '헤벨'인 인간은 그 패턴이 무엇인지 알 수 없습니다. 인간의 시각에서는 생명, 건강, 부요, 평화, 화목 등은 "선"한 것이고 죽음, 질병, 가난, 싸움, 미움 등은 "악"한 것으로 보이겠지만, 하나님의 시간인 영원('올람')에 빗대어 보면 찰나('헤벨')에 불과한 것입니다. 그 모든 것은 하나님이 정하신 때에 따라 발생하는 것들입니다. 전통적인 선악 개념이 무너진 곳에서, 그렇다면 우리는 무엇이 좋은 것이고 무엇이 나쁜 것인지 어떻게 알 수 있을까요? 규범적인 지혜가 아니라면 대체 우리는 무엇을 지혜라고 부를 수 있을까요? 전도자는 4장부터 12장까지 여기에 대해 답을 합니다.

전도자의 대안적 선악 개념

사람들이 사는 동안에 기뻐하며 선을 행하는 것보다 더 나은 것이 없는 줄을 내가 알았고(3:12).

전도서는 하나님이 정하신 패턴이 있다고 말하는 점에서 규범적 지혜와 동일합니다. 하지만 유한한('헤벨') 인간이 하나님의 패턴을 예측할 수 없다는 점에서 차이를 보입니다. 게다가 전통적인 선악개념도 부정합니다. 미래를 예측할 수 없고 규범적 지혜의 선악 개념이 없다면 어떻게 사는 것이 지혜로운 삶일까요? 전도자는 "선악"이란 존재하지 않는다고 결코 말하지 않습니다. 오히려 무엇이 좋고 무엇이 나쁜가에 대해 아주 길게 말하고 있고, 선을 행하라고 독자들을 격려합니다. 전도자가 말하는 "선"이란 과연 무엇일까요? 이제부터 전도자가 제시하는 대안적인 선악 개념, 그의 "삐딱한 지혜"를 살펴보겠습니다.

미래를 예측하는 것은 어리석은 일이다: "현세지향적 가치관"

잠언은 "과거지향적" 세계관을 가지고 있습니다. 인간은 과거를 향해 서 있으며 자기 "앞"에 있는 선배들의 경험과 가르침에 귀를 기울어야 합니다. 과거('올람')로부터 반복되는 패턴을 이해하는 것이 "선"이고 "지혜"이기 때문입니다. 이때 하나님이 정하신 패턴을 인간이 알 수 있다는 것을 전제로 합니다. 그런데 이 패턴을 알아야 하는 당위성의 근거는 흥미롭게도 "미래"에 있습니다. 과거를 배우는 이유는 미래를 준비하기 위함입니다. 추수의 계절인 가을이 지나면 농사를 지을 수 없는 추운 겨울이 온다는 것을 과거의 경험으로 배웠기 때문에 풍족한 현실에 만족하지 말고 미래를 대비해야 합니다. 이런 점에서 "과거지향적"인 규범적 지혜는 동시에 "미래지향적"입니다.

반면에 전도서는 하나님의 패턴을 인간이 이해할 수 없기 때문에 미래를 예측할 수 없다고 말합니다. 미래는 알 수 없는 것이기에 전도서는 근본적으로 "현세지향적" 세계관을 가지고 있습니다. 3장 12절의 "사람들이 사는 동안에 기뻐하며 선을 행하는 것"이라는 표현에서 중요한 방점은 "사는 동안"에 찍혀 있습니다. 살아있는 순간에 집중하는 것이 현명하고 지혜로운 일입니다. 예측할 수 없는 미래를 열심히 대비하는 일은 무의미할 뿐 아니라 어리석은 일입니다. 그것은 마치 유산을 물려줄 사람이 없는데도 애써서 재산을 축적하는 것과 같은 미련한 짓입니다(4:8). 잠언의 "지혜"는 전도서에서 "우매"가 됩니다.

모든 가능성에 대비하라

두 사람이 한 사람보다 나음은 그들이 수고함으로 좋은 상을 얻을 것임이라 혹시 그들이 넘어지면 하나가 그 동무를 붙들어 일으키려니와 홀로 있어 넘어지고 붙들어 일으킬 자가 없는 자에게는 화가 있으리라(4:9-10).

전도서의 지혜는 미래를 대비하지 말라는 얘기가 아닙니다. 오히려 예측 가능한 패턴대로 인생이 흘러가지 않기 때문에 모든 가능성에 대비하라고 조언합니다. 하나보다는 둘이 나은 이유는 언제든 넘어질 가능성이 있기 때문입니다. 지극히 '상식적'인 이야기를 하고 있는 것처럼 보이지만, 이 구절은 지혜 장르의 틀 안에서 이해되어야 합니다. 전도서는 지금 잠언의 말을 뒤집고 있습니다. 규범적 지혜에서 "넘어짐"은 무지의 결과입니다. 패턴을 예측하지 못했기 때문이죠. 패턴을 아는 지혜자는 넘어질 리가 없습니다. 지혜를 배워야 하는 이유 역시 넘어지지 않기 위해서입니다. 그래서 "넘어지다"는 뜻의 히브리어 '나팔'(נפל)은 잠언에서는 부정적인 의미로 쓰입니다.[1]

그러나 전도서에 따르면, 패턴을 예측할 수 없기에 누구든 넘어질 수 있습니다. 따라서 언제든 넘어질 수 있는 가능성을 항상 대비하는 것이 지혜입니다. 이어지는 12절의 "한 사람이면 패하겠거니와 두 사람이면 맞설 수 있나니 세 겹 줄은 쉽게 끊어지지 아니하느니라"는 표현도 같은 비유의 연속입니다. "패함"과 "끊어짐" 역시 잠언에서는 우매자(= 악인)에게 닥치는 일입니다. 그러나 전도서는 패하거나 끊어지는 일은 누구에게나 일어날 수 있기 때문에 하나보다는 둘이 낫고 둘보다는 셋이 낫다고 말합니다.

---

1. 히브리어 '나팔'(נפל)이 쓰인 잠언의 용례는 잠 1:14; 7:26; 11:5; 11:14; 11:28; 13:17; 17:20; 19:15; 22:14; 24:16; 24:17; 26:27; 28:10; 28:14; 28:18입니다. 이 중 1:14의 "제비가 떨어지다 = 제비를 뽑다, 혹은 제비에 당첨되다"와 19:15의 "잠이 떨어지다 = 잠에 들다"라는 숙어적 표현을 제외하고 '나팔' 동사는 모두 부정적인 의미인 "넘어지다", "(악, 구덩이, 함정에) 빠지다", "엎드러지다", "망하다/패망하다" 등으로 번역되었습니다.

> 너는 네 떡을 물 위에 던져라 여러 날 후에 도로 찾으리라 일곱에게
> 나 여덟에게 나눠 줄지어다 무슨 재앙이 땅에 임할는지 네가 알지 못
> 함이니라(11:1-2).

똑같은 내용이 다른 비유로 11장에 표현됩니다. 공동번역은 11장
1절을 "돈이 있거든 눈 감고 사업에 투자해 두어라. 참고 기다리면
언젠가는 이윤이 되어 돌아올 것이다"라고 번역하면서 이 구절이 사
업가에게 투자의 비결을 알려주는 것처럼 번역했습니다. "음식(סﬡﬣ)
을 물 위에 던지는" 행위가 구체적으로 무엇을 뜻하는지는 잘 모릅
니다. 그리고 그다지 중요하지도 않습니다. 이 구절의 핵심은 어떤
일이 벌어질지 모른다는 데 있습니다. 그러니 한 가지만 고집하는 것
이 아니라 다양한 경우의 수를 생각하는 것이 현명한 처사입니다. 패
턴을 알고서 준비하는 것이 '선'이나 '지혜'가 아니라, 어떻게 될 지
모르니까 여러 가능성을 대비하는 것이 전도서의 '대안적 지혜'입니
다.

"늙음"과 "지혜"는 동의어가 아니다

> 가난하여도 지혜로운 젊은이가 늙고 둔하여 경고를 더 받을 줄 모르
> 는 왕보다 나으니(4:13).

"가난하여도 지혜로운 젊은이"나 "늙고 어리석은 왕"이라는 표

현은 현대인들에게는 충분히 받아들여질 수 있는 표현입니다. 얼마 든지 개천에서 용이 날 수 있고, 변화가 빠른 지금 시대에 나이 들수록 적응력이 떨어집니다. 하지만 전도서의 한 구절 한 구절은 반드시 규범적 지혜와 반성적 지혜라는 지혜 장르의 틀에서 읽어야 합니다.

잠언의 시각에서 볼 때 전도서 4장 13절은 전혀 불가능한 표현입니다. 우선, 잠언의 세계에서 '아이'(יֶלֶד: 개역은 "젊은이"로 번역)는 지혜로울 수가 없습니다. 어리고 젊다는 것은 부모나 조상들의 지혜에 이르지 못한 상태를 나타냅니다. 따라서 "지혜로운 아이", "현명한 젊은이"란 존재할 수 없습니다.

둘째, 규범적 지혜가 '가난'을 설명하는 방식을 알면 "가난하고 지혜로운"이라는 표현이 얼마나 형용모순인지를 이해하게 됩니다. 규범적 지혜에서 가난은 무지와 게으름의 결과물입니다. 패턴을 모르거나 따르지 않는 악인들에게 하나님이 주시는 징벌입니다. 그러기에 가난하면서 동시에 지혜로울 수는 없습니다. "가난하여도 지혜로운"이라는 개역의 번역이나 "가난할지라도 슬기로운"이라는 새번역과 공동번역의 표현은 가난과 지혜를 대립적이고 반의적으로 이해하고 있는데, 이것은 잠언의 시각으로 전도서를 해석하는 오류를 범하고 있는 것입니다. 잠언에서 가난과 지혜는 반대말이지만 전도서에서는 반의적 개념이 아닙니다. 유대인들의 대표적인 영어 번역인 JPS의 "a poor *and* wise child"가 원문을 그대로 반영한 좋은 번역입니다.

마찬가지로 "늙고 어리석은 왕" 역시 잠언에서는 있을 수 없는 표현입니다. 규범적 지혜에서 "늙음"은 지혜를 상징합니다. 따라서

"늙고 어리석은"이라는 표현 역시 형용모순입니다. 잠언에서는 도무지 병치할 수 없는 개념들을 나란히 놓음으로써 전도서는 잠언의 가치관을 전복시키고 있습니다. 개역성경의 번역자가 계속해서 잠언의 시각으로 전도서를 이해했다면 "늙음"과 "어리석음"을 반의적으로 번역했어야 합니다. "늙고 둔한"이라는 현재의 번역은 일관성이 결여된 번역입니다.

마지막으로, 잠언 20장이나 25장 등에서 "왕"은 하나님을 나타내는 메타포로 쓰일 정도로, 규범적 지혜에서 "왕"이라는 단어가 가지는 위치는 상당합니다. 잠언에서 왕과 연결된 어휘는 "의/공의"(8:15; 16:12; 16:13), "재판/심판/정의"(16:10; 29:4), "정직"(16:13), "생명"(16:15), "지혜"(20:26) 등입니다. 왕은 "악을 행하는 것을 미워"하고(16:12), "그의 눈으로 모든 악을 흩어지게" 합니다(20:8). 그는 "의로운 입술"과 "정직하게 말하는 자"(16:13)를 사랑하고, "마음의 정결을 사모하는 자"(22:11)의 친구입니다. 이러한 왕을 "어리석은"이라는 형용사로 수식하는 것은 잠언의 세계관으로 무장한 독자에게는 상상조차 할 수 없는 일입니다. 더 나아가, 가난하게 태어난 아이가 감옥생활을 거친 뒤 왕이 된다(전 4:14)는 전도자의 말은 규범적 지혜의 수호자들에게는 그야말로 '충격과 공포'입니다. "가난하고", "지혜로운", "아이" 그리고 "늙고", "어리석은", "왕" 같은 흔히 쓰는 단어들의 단순한 조합만으로 전도서는 잠언의 가치관을 아주 손쉽게 해체시켜 버립니다.

"carpe diem"(지금 자신에게 주어진 것을 즐겨라): "젊음"의 가치

그러므로 나는 사람이 자기 일에 즐거워하는 것보다 더 나은 것이 없음을 보았나니 이는 그것이 그의 몫이기 때문이라 아, 그의 뒤에 일어날 일이 무엇인지를 보게 하려고 그를 도로 데리고 올 자가 누구이랴 … 사람이 하나님께서 그에게 주신 바 그 일평생에 먹고 마시며 해 아래에서 하는 모든 수고 중에서 낙을 보는 것이 선하고 아름다움을 내가 보았나니 그것이 그의 몫이로다(3:22; 5:18).

지금 주어진 것에 만족하는 태도는 잠언의 세계에서는 어리석은 일입니다. 잠언에서는 항상 다음에 닥칠 일을 준비하는 것이 지혜이고 바람직한 태도입니다. 그러나 전도서는 규범적 지혜의 과거지향적이면서 동시에 미래지향적인 세계관이 놓치고 있는 "지금 이 순간"의 가치를 발견해냅니다. "뒤에 일어날 일"(3:22)을 알 수 없고, 예측할 수 없는 미래를 미리 준비하는 것이 불가능하다면, 시선을 미래에 두지 말고 지금 살고 있는 순간에 집중하는 것이 지혜로운 태도입니다. 하나님이 허락하신 것에 만족하며 주어진 음식에 감사하고 사랑하는 사람과 행복하게 사는 것이 "선"입니다(5:18). 현재 자신이 하는 일을 즐기는 것보다 더 "선"한 것이 없습니다(3:22). 흥미롭게도, 전도서의 전 우주적이고 전 역사적인 거시적 관점의 종착역은 '지금 여기'입니다. 잠언에서 과거와 미래가 긴밀히 연결되어 있는 것처럼, 전도서에서는 영원과 순간이, '올람'과 '헤벨'이 맞닿아 있습니다.

청년이여 네 어린 때를 즐거워하며 네 청년의 날들을 마음에 기뻐하여 마음에 원하는 길들과 네 눈이 보는 대로 행하라(11:9).

"늙음"과 "지혜"의 연결고리를 끊은 전도서의 현세지향적 세계관은 "젊음"의 가치를 재발견합니다. "청년"이란 더 이상 지혜에 다다르지 못한 불완전한 존재가 아닙니다. 더 성숙하고 더 지혜로워지라고 요구할 근거는 사라졌습니다. 지금 있는 것보다 더 가지려고 애쓰고 열심히 미래를 준비하는 것은 어리석은 일입니다. 전도자는 이제 잠언이 할 수 없는 말을 청년들에게 전합니다, 젊음의 순간을 즐기고 하고 싶은 일을 마음껏 하라고.

"memento mori"(죽음을 기억하라): "carpe diem"의 근거

혹자는 지금 전도자가 청년들에게 마음대로 살라고 하는 것이 아니라고 주장할 수도 있겠습니다. 그 근거는 원하는 대로 하라는 전도서 11장 9절 하반부에 "그러나 하나님이 이 모든 일로 말미암아 너를 심판하실 줄 알라"는 구절이 따라오기 때문입니다. 청년들이 제멋대로 살다가는 하나님의 심판을 면치 못하니 결국 마음대로 살면 안 된다는 결론을 내리게 됩니다. 그렇다면 지금 전도자가 당근과 채찍을 동시에 주고 있는 건가요? 아니면 달콤한 사탕을 주었다가 도로 빼앗는 건가요?

이러한 모순적인 해석은 "하나님의 심판"을 잘잘못을 따지는 선악 간의 심판으로 이해하는 잠언의 관점을 전도서에 잘못 대입하여 발생한 것입니다. 규범적 지혜의 선악 개념을 거부하는 전도서가 말하는 "하나님의 심판"은 "죽음"을 상징하는 표현입니다. 청년의 때를 즐기고 젊음의 시간이 소중한 이유는 "하나님의 심판", 즉 죽음이 언제 닥칠지 모르기 때문입니다. 근심 걱정에 사로잡혀 살기에는 인생이 너무 짧습니다(11:10). 청년의 때가 다 '헤벨'이라는 11장 10절의 의미는, 젊은 시절이 "헛되다"는 뜻이 아니라 "잠시 스쳐 지나가는 것"이라는 뜻입니다. 전도서 11장 9절과 10절의 구조와 의미는 9장 10절과 동일합니다.

> 네 손이 일을 얻는 대로 힘을 다하여 할지어다 네가 장차 들어갈 스올에는 일도 없고 계획도 없고 지식도 없고 지혜도 없음이니라(9:10).

지금에 만족하고 현재에 집중해야 하는 이유는 인생이 살 같이 빠르기('헤벨') 때문입니다. 여기서 "일", "계획", "지식", "지혜"는 규범적 지혜의 언어입니다. 잠시 스쳐가는 짧은 인생을 살면서 무언가 열심히 미래를 위한 계획을 세우고 지식을 쌓고 더 지혜로워지려고 애쓸 필요가 없습니다. 아등바등 근심하며 살기에는 삶이 너무 짧기 때문입니다.

> 너는 청년의 때에 너의 창조주를 기억하라 곧 곤고한 날이 이르기 전에, 나는 아무 낙이 없다고 할 해들이 가깝기 전에(12:1).

"청년의 때에 창조주를 기억하라"는 문구는 청년 집회나 세미나 등에서 젊을 때 하나님을 잘 믿고 섬기라는 의미로 아주 많이 인용되는 구절입니다. 세상 헛된 것에 마음 빼앗기지 말고 하나님만 바라보라는 설교는, 그러나 전도서의 맥락을 완전히 무시한 해석입니다. 전도서 12장의 "창조주를 기억하라"는 의미는 "하나님의 심판"과 마찬가지로 "죽음을 기억하라"(memento mori)는 뜻입니다. 12장 1절의 후반부부터 7절까지 계속 이어지는 내용은 모두 죽음에 대한 것입니다. "곤고한 날", "아무 낙이 없는" 시간(1절), 하늘의 해와 달과 별이 어두워지는 순간(2절), 거리에 소리가 들리지 않는 때(4절), 사람이 "영원한 집"으로 돌아가는 순간과 조문객들이 거리에서 왕래하는 순간(5절), 줄이 풀리고 그릇이 깨지는 순간(6절)은 모두 "하나님께로 돌아가는"(7절) 죽음의 순간을 나타내는 표현들입니다.

개역개정은 7절 하반부를 "영은 그것을 주신 하나님께로 돌아가기 전에 기억하라"고 번역합니다. 즉, 죽기 "전에" 창조주를 기억하라는 뜻이 됩니다. 이것은 "창조주를 기억하는 것"과 "죽음을 기억하는 것"을 분리시키는 효과가 있습니다. 하지만 "전에 기억하라"는 표현은 히브리어 원문에 없습니다. 개역성경 번역자의 자의적인 첨가입니다. 7절은 단순히 "영은 그것을 주신 하나님께로 돌아간다"입니다. 한 마디로 "죽는다"는 뜻입니다. 이때 하나님께로 돌아가는 "영"은 하나님을 믿는 "구원 받은 자의 영"을 가리키는 표현이 아닙니다. 선인도 악인도, 지혜자도 우매자도 모두 다 이 "영"에 포함되어 있습니다. 그래서 전도자의 마지막 말은, 처음과 마찬가지로, "모든 것이

헤벨이다"로 끝을 맺는 것입니다.[2] 모든 것은 이 세상에 잠시 있다 갑
니다.

* * *

"창조주를 기억하라"는 전도자의 말은 세상 것에 관심을 두지 말
라는 뜻이 아니라, 정반대로, 지금 살고 있는 삶에 집중하라는 뜻입
니다. 왜냐하면 모든 것이 언제 죽을지 모르는 '헤벨'이기 때문입니
다(12:8). 전도자는 이 짧은 인생을 결코 "헛된" 것으로 이해하지 않습
니다. 오히려 지금 이 순간을 예측할 수 없는 미래를 위해 양보하지
말라는 매우 '현실 긍정적'인 신학을 전개합니다. '헤벨'을 "헛됨"으
로 번역하는 것은 전도자의 외침을 그야말로 "헛된" 것으로 만들고,
전도서가 대체 무슨 말을 하고 있는지 독자로 하여금 이해할 수 없게
만듭니다.

* * *

"순간을 살아라"(carpe diem)라는 전도서의 '긍정의 신학'은 바로

---

2.   전도서 12장 8절로 전도자의 말은 끝이 납니다. 9절부터 14절은 전도자의 말
이 아닙니다. 이 구절에 사용된 언어는 규범적 지혜의 언어입니다. "지식"과
"잠언"(9절), "진리"와 "정직"(10절), "경외"와 "명령"(13절), "선악 간에 심
판"(14절) 등은 전도자의 반성적 지혜라기보다는 잠언에서 흔히 사용되는
표현들입니다. 이 '사족'(蛇足)은 전도서의 신학이 가지는 '위험성'을 상당히
완화하고 경감시키는 효과가 있습니다.

"죽음을 기억하라"(*memento mori*)에 바탕을 두고 있습니다. 그래서 지혜로운 사람의 시선은 죽음을 향해 있습니다

- 지혜자의 마음은 초상집에 있으되 우매한 자의 마음은 혼인집에 있느니라(7:4).
- 초상집에 가는 것이 잔칫집에 가는 것보다 나으니 모든 사람의 끝이 이와 같이 됨이라 산 자는 이것을 그의 마음에 둘지어다(7:2).

당장이라도 죽을 수 있다는 자각이 숨을 내쉬고 있는 현재에 집중하게 만듭니다. 지금 이 순간의 삶이 의미가 있는 것은 죽음이 가까이 있기 때문입니다. 죽음은 결코 삶을 헛된 것으로 만들지 않습니다. 사형대로 끌려가는 도스토예프스키가 그 순간 바라보는 모든 것을 하나하나 소중히 눈에 담고 싶어했던 것처럼, 죽음을 인식하는 것은 모든 찰나의 순간('헤벨')에 생명을 불어 넣습니다. 전도서의 깊이는 영원('올람')과 순간('헤벨')을 연결하고 죽음(*memento mori*)과 삶(*carpe diem*)을 이어 붙이는 데 있습니다.

나가며:
잠언-욥기-전도서의 상호작용

서로 다른, 그러나 긴밀히 연결된

성경의 지혜는 입체적입니다. 잠언 한 권만으로 성경의 지혜를 다 설명할 수 없습니다. 그랬다면 욥기나 전도서는 필요 없었을 것입니다. 욥기가 말하는 하나님과 인간 사이의 관계가 성경의 유일한 대답도 아닙니다. 하나님은 어떤 분이신가, 하나님의 창조세계는 어떠한 법칙으로 움직이고 있는가, 그 안에서 피조물인 인간은 어떻게 살아가야 하는가라는 질문은 한두 마디로 대답할 수 없는 질문입니다. 이것이 성경에 세 개의 지혜서가 함께 있는 이유이고, 그중 한두 권의 지혜만으로 충분하지 않은 이유입니다. 잠언과 욥기와 전도서가 서로 어떻게 소통하고 교감하는지, 그 '상호작용'(interplay)을 이해하고 서로 어떻게 다른 목소리를 내는지 그 차이를 파악하는 것만이 성경이 전하는 지혜의 목소리를 들을 수 있는 유일한 방법입니다.

＊ ＊ ＊

잠언과 욥기와 전도서는 서로 분리해서는 이해할 수 없습니다. 잠언의 신학과 언어를 모르면 욥기와 전도서가 무슨 말을 하는지 알 수 없습니다. 이 셋은 서로 대화를 나누고 있습니다. 규범적 지혜가 굳건히 자리를 잡아주고 있기 때문에 문제를 다른 각도에서 바라볼 수 있게 됩니다. 잠언이 하나님의 창조세계 안에서 피조물인 인간이 어떻게 살아가야 하는가에 대해 전반적이고 규범적인 진술을 하고 있을 때, 욥기는 미세한 현미경을 들이대며 잠언이 놓치고 있는 세밀한 부분들을 드러냅니다. "잠언, 네가 말하는 게 전부는 아니야. 이 세상을 세밀히 들여다보면 네 이야기로는 설명되지 않는 부분이 있어." 이때 반대편에 앉아 있던 전도서는 잠언과 욥기의 미시적 관점을 문제 삼습니다. "잠언과 욥기야, 하나님의 창조세계를 아주 긴 역사의 흐름과 우주적이고 거시적인 관점에서 보자면 너희들이 말하는 것은 어쩌면 그리 중요하지 않을 수도 있어."

동시에, 잠언과 욥기와 전도서는 서로 분리하지 않고는 이해되지 않습니다. 잠언의 언어와 관점으로 욥기를 읽는다면, 욥기에서 발견되는 것은 교만한 욥이나 무지한 욥, 그리고 그런 욥을 꾸짖는 하나님이 보일 뿐입니다. 욥을 회개시키기 위해, 혹은 욥이 무언가 깨닫게 하기 위해 그의 자녀들을 희생시키는 끔찍한 하나님만 남게 됩니다. 자녀의 목숨보다 중요한 깨달음이 과연 존재할 수 있을까요? 욥기에서 가장 유명한 구절이 "네 시작은 미약하였으나 네 나중은 심히 창대하리라"(욥 8:7)라는 빌닷의 말인 이유도 근본적으로 규범적 지혜의 시각으로 욥기를 읽기 때문입니다. 잠언에 익숙한 눈으로 욥기를 읽으면 욥의 세 친구들의 말은 "지혜"의 말로 보입니다. 이런 관점으로는 왜 하나님이 빌닷을 비롯한 욥의 세 친구들의 말이 틀렸다고, 그들이 우매하다고 말씀하시는지 이해할 수 없습니다. 마찬가지로, 전도서 역시 그 고유한 지혜를 파악해야 합니다. 잠언이 말하는 "심판"과 전도서의 "심판"이 어떻게 다른지 모르면, 전도서는 헛된 세상에 마음 두지 말고 하나님만 바라보고 살라는 판에 박힌 설교로 전락하고 맙니다. 전도서가 잠언의 언어와 개념을 어떻게 전복시키는지 파악하지 못한다면 우리는 전도자의 말을 "헛된" 외침으로 만들 뿐입니다. 잠언과 전도서가 같은 단어를 어떻게 다른 의미로 사용하는지, 전도서는 욥기와는 또 어디에서 갈라지는지 그 세밀한 차이를 파악할 때에야 비로소 전도서는 자신의 깊은 속살을 보여줍니다.

하나님의 절대주권과 절대선, 그리고 악의 존재

신앙인에게 "God"과 "Good"은 거의 대부분의 경우 의미상 동일 범주에 속해 있을 것입니다. 하지만 이유를 설명할 수 없는 고통 앞에서 두 개념은 서로 충돌합니다. 어떻게 선하신 하나님이 이런 불의를 허용하실 수 있단 말인가.

미국의 시인 아치발드 맥클리쉬(Archibald MacLeish)는 욥기를 현대화한 그의 희곡 *J. B.*에[1] 이런 대사를 넣었습니다.

---

1.   Archibald MacLeish, *J. B.: A Play in Verse* (Houghton Mifflin Company, 1958).

If God is God, He is not good.

If God is good, He is not God.

하나님이 모든 것을 다 알고 다 주관하시는 분이라면, 세상에 존재하는 불의와 부정의에 대해서도 마찬가지로 책임이 있기 때문에 도무지 선한 분으로 여길 수 없다는 것입니다. 반대로 하나님이 선하신 분이어서 불의와 악한 현실에 하나님이 책임이 없으시다고 한다면, 세상에는 하나님이 주관하지 않으시는 영역이나 하나님도 어쩔 수 없는 영역이 존재하며, 하나님의 뜻과 아무 상관없이 자신의 의지대로 움직이는 악의 존재를 상정해야 합니다.

* * *

잠언과 욥기, 전도서 모두 하나님이 이 세상의 모든 것을 관할한다는 절대주권 개념을 가지고 있습니다. 이 세계를 하나님이 다스리는 영역과 악이 다스리는 영역으로 이분화하는 것은 지혜서의 세계관이 아닙니다. 물론 잠언의 "음녀"나 욥기의 "사탄"이 어떤 악한 세력을 상징한다고 볼 수 있습니다. 하지만 지혜를 선택하지 않고 "음녀"의 유혹에 넘어가는 것은 하나님을 경외하지 않는 자 본인의 책임입니다. 그리고 악인이자 우매자가 멸망의 길로 걸어가도록 허락하신 것 역시 하나님이십니다. 욥기의 "사탄"이 욥의 "까닭 없는 고난"을 촉발한 것은 사실이지만, 동시에 욥기는 그 고난을 허락하시고 실행하신 분이 하나님이심 또한 분명히 하고 있습니다. 악의 영역이 있다 하더라도 그 영역을 다스리는 분 역시 절대주권자입니다. 만약 하나님의 의지가 작용하지 않는 영역이 조금이라도 존재한다면 하나님은 더 이상 '절대'주권자가 아니라 '부분'주권자에 그치고 맙니다. 이것은 성경이 증언하는 하나님이 아닙니다.

* * *

잠언과 욥기를 갈라지게 하는 것은 "뿌린 대로 거둔다"는 인과응보의 원리로 하나님의 선하심을 정의할 수 있느냐는 문제입니다. 욥기는 우리가 하나님을 믿는 신앙의 근거가 과연 무엇이냐고 묻습니다. 하나님의 지혜를 알고자 하고 그분이 원하시는 선한 것을 뿌리는 '잠언적 신앙'의 이유가 선한 열매를 얻기 위한 '투자심리'의 발현인가? 그 결과가 우리가 원하고 기대하던 것이기는 고사하고 마치 하나님의 징벌처럼 보이는 고통스러운 것일지라도 여전히 하나님을 사랑하고 선한 씨앗을 뿌릴 수 있겠는가? 아무 대가를 바라지 않는 신앙이 가능한가? 욥기는 욥이라는 사람을 설득시키고 깨닫게 하는 책이 아니라 욥기를 읽는 우리에게 이런 질문을 던지는 책입니다.

* * *

동일한 선악 개념을 공유하고 있는 잠언과 욥기에서 '악'의 영역을 대표하는 상징들이 나타나는 것과 달리, 전통적인 선과 악의 이분법을 거부하는 전도서의 신학은 "음녀"나 "사탄" 같은 존재를 필요로 하지 않습니다. 전도서가 전통적인 선악개념을 파괴하는 방식은 크게 세 가지로 나뉩니다: (1) 모든 것이 하나님의 뜻에 따라 하나님이 정하신 때에 따라 발생하는 것이므로 그 어떤 것도 악한 것이 아니다. 모든 것은 아름답다. (2) 전통적인 선악 개념에서 정의하는 선과 악의 구분이 그렇게 명확한 것은 아니다. 선한 것에도 악한 것이 있다. (3) (욥기가 증언하듯이) 선한 씨앗에 악한 열매가 열리는 현상이 분명히 존재하지만, 그것이 오래 지속되는 것은 아니다. 모든 것은 잠시 있다 사라지는 '헤벨'이다.

전도서는 신앙인들에게 보다 근본적인 질문을 던집니다. 무엇이 좋고 무엇이 나쁘다는 정의는 과연 누구의 관점에서 내린 정의인가? 대체 무엇이 선과 악을 구별하는 기준인가? 한 개인에게 유익한 것은 선이고 그렇지 않은 것은 악인가? 혹은 (전체로서의) 인간에게 득이 되면 선이고 해가 되면 악인가? 이러한 선악 개념은 인간중심적인 (anthropocentric) 가치기준일 뿐이지 않은가? 절대자의 시각에서도 우리는 동일한 선악 개념을 가질 수 있는가?

지혜란 무엇인가?—교만과 겸손

운전을 예로 들겠습니다. 지혜로운 운전자는 우선 차의 조작법과 도로교통법 등의 규범들을 성실히 배웁니다. 누구나 운전하는데 나도 쉽게 할 수 있겠지 생각하며 차를 움직이는 법을 제대로 배우지 않거나 교통법규를 익히지 않는다면 운전은커녕 면허시험에도 합격하기 어려울 것입니다. 규범을 배우지 않는 것은 무지이고 우매이며 교만입니다. 동시에, 필기와 실기시험에 만점으로 합격한 사람이 곧 훌륭한 운전자가 되는 것은 아닙니다. 실제 도로에서는 법규에서 정한 것을 넘어 배우고 지켜야 할 수많은 예의와 불문율들이 있습니다. 그래서 경험이 중요합니다. 숙련도는 지혜와 동의어가 됩니다. 경험과 숙련도는 사고가 날 수 있는 확률을 줄입니다.

규범은 반드시 필요합니다. 지키고 배울 규범이 존재하지 않는다면, 그래서 도로 위의 운전자가 어떻게 차를 몰지 누구도 예측할 수 없다면 차를 끌고 밖에 나가는 것은 아마 목숨을 거는 엄청난 용기를 필요로 하는 일일 것입니다. 반면에, 모두가 규범과 불문율을 지킨다고 사고가 안 나는 것도 아닙니다. 언제든 규범에서 벗어나는 일이 발생할 수 있다는 것을 염두에 두고 방어운전을 하는 사람이 지혜로운 운전자입니다. 세상은 규칙대로만 되지 않고 법대로만 흘러가지 않습니다. 규범을 아는 것이 지혜인 만큼 규범에서 벗어난 예외가 있음을 아는 것이 지혜입니다. 규범을 알고 규범대로 운전하기만 하면 안전하리라는 생각이 무지이고 우매이며 교만일 수 있습니다.

규범대로 운전했음에도 사고가 날 수 있다는 사실은 동시에, 모든 사고의 원인을 운전자의 책임으로만 돌릴 수는 없다는 것을 의미하기도 합니다. 대부분의 사고가 운전미숙이나 도로교통법 위반으로 발생한다 하더라도 모든 사고가 그런 것은 아닙니다. 운전자가 아무 잘못하지 않아도 사고는 발생할 수 있습니다. 아무 잘못이 없음에도 교통사고의 피해자가 될 수도, 가해자가 될 수도 있습니다. 운전이 어려운 이유가 바로 여기에 있습니다. 더 나아가, 인생이 어려운 이유가 바로 여기에 있습니다.

* * *

규범적 지혜에서는 규범을 아는 것이 선이고 겸손이며, 모르는 것이 악이고 교만입니다. 반성적 지혜는 이러한 겸손과 교만의 개념을 다시 정의합니다. 안다고 하는 것이 교만이고 모르는 것이 겸손입니다. 규범과 현실이 잘 맞아 들어갈 때는 규범적 지혜만으로 충분할 것입니다. 하지만 규범과 현실이 서로 충돌하게 되면서 문제가 발생합니다. 이러한 경우 규범적 지혜는 이렇게 답을 합니다: "지금 당장은 규범이 안 맞는 것처럼 보이지만 결국에는 규범 대로 된다." 그리고 하나님은 그가 만드신 규범에 책임이 있기 때문에, 현실이 규범대로 되지 않을 때 하나님께 규범대로 되게 해달라고 요청할 수 있는 근거가 됩니다. 시편의 탄원시들이 하나님께 요청하고 탄원하는 바탕에는 이 규범이 깔려 있습니다.

반면에 반성적 지혜는 다른 대답을 내놓습니다: "하나님의 규범은 인간의 이해 범위를 넘어선다." 이것이 "하나님이 하시는 일의 시종을 사람으로 측량할 수 없게 하셨도다"(전 3:11)라는 구절이 의미하는 바입니다. 삐딱한 지혜는 올곧은 지혜의 모범답안들에 이렇게 항변합니다: "하나님을 박스 안에 가두지 마라", "하나님이 어떤 특정한 방식으로만 움직인다고 하는 것이야말로 교만이다." 하나님을 이해하고 그분을 알고자 하는 것이 규범적 지혜가 정의하는 겸손이라면, 알 수 없다고, 모르는 것을 모른다고 말하는 게 반성적 지혜의 겸손입니다. 하나님을 경외하는 자는 그분을 알아야 하지만, 동시에, 알 수 없기에 그분을 더욱 경외하게 됩니다. 반성적 지혜는 현실을 직시하라고 말합니다. 어떤 종교관념적 허상으로 현실을 왜곡해서 이해하는 것, 규범의 틀 속에서만 현실을 보려고 할 뿐 그 틀을 벗어나는 현상에 대해서는 보아도 못 본 척 들어도 못 들은 척하는 것은 '눈 가리고 아웅하는 신앙'일 뿐이라고 외칩니다.

획일적이지 않은 지혜, 단순하지 않은 하나님

성경이 논리적으로 일관되고 획일적인 목소리를 내고 있지 않다는 사실이 누군가에게는 불편할 수도 있겠습니다. 많은 학자들과 설교자들은 일견 통일성이 없어 보이는 성경의 이야기에 논리적인 설명이 가능하도록 일관성을 부여하는 것을 사명으로 생각합니다. 서로 상충하는 듯한 모순된 구절들, 소위 성경의 난제라 불리는 것들을 그럴 듯하게 엮어서 멋지게 풀어내는 사람이 훌륭한 해설자요 교사로 여겨지기도 합니다.

하지만 오히려 성경 속에서 '일관된 논리, 단일한 목소리'를 찾으려는 시도는 성경의 일부분만 취사선택함으로써, 성경 자체의 목소리를 들으려는 게 아니라 우리가 이해하고 싶은 대로 이해하려는 시도일 경우가 많습니다. 이해되지 않는 것을 불안해하고 불편해하는 심성의 발로일 뿐입니다. 요한복음 1장 1절을 주석하며 성 아우구스티누스는 이렇게 말합니다.

> *Si enim comprehendis, non est Deus.*[2]
> 만약 당신이 이해할 수 있다면 그것은 하나님이 아니다.

---

2. Augustine (of Hippo)'s Sermon 117:5 in *Patrologia Latina* (*PL*), Vol. 38, 661-71.

완벽히 파악되고 이해되는 하나님이라면 그것은 진짜 하나님이 아니라 우리가 머릿속에서 만들어낸 하나님일 것입니다.

* * *

성경의 목소리가 획일적이지 않다는 것은 우리가 매순간 경험하는 하나님의 창조세계가 단순하지 않기 때문입니다. 하나님의 형상을 닮아 창조된 사람이 획일적이지 않기 때문입니다. 그것은 곧 하나님 자신이 일차원적이지 않다는 것을 의미합니다. 엄지손가락으로 스마트폰을 켤 때마다 놀랍습니다. 하나님은 겨우 평방 1제곱센티미터 크기의 지문을 사람마다 모두 다르게 만드셨습니다. 하나의 일관된 논리로 인간과 세계가 설명 가능하다면 대체 왜 하나님은 이렇게 작은 손가락 지문마저 다 다르게 창조하신 걸까요? 피조물보다 창조주가 크다면, 피조세계도 다 이해하지 못하는 우리가 그 세계를 만드신 분을 어떻게 다 이해할 수 있을까요? 하나님은 단순한 분이 아닙니다. 그분의 지혜도 단순하지 않습니다. 그래서 아름답습니다.